AF366347

Fútbol:
TRANSICIÓN OFENSIVA

Concepto y 50 tareas para su entrenamiento

Manuel Jesús Crespo García

WANCEULEN Editorial

WANCEULEN EDITORIAL DEPORTIVA

Título: FÚTBOL: TRANSICIÓN OFENSIVA. CONCEPTO Y 50 TAREAS PARA SU ENTRENAMIENTO
Autor: MANUEL JESÚS CRESPO GARCÍA
Corrección del texto: MANUELA CASTILLO SOLER

Editorial: WANCEULEN EDITORIAL
Sello Editorial: WANCEULEN EDITORIAL DEPORTIVA

ISBN (Papel): 978-84-18262-67-8
ISBN (Ebook): 978-84-18262-68-5

DEPÓSITO LEGAL: SE 1068-2020

Impreso en España. 2020

WANCEULEN S.L.
C/ Cristo del Desamparo y Abandono, 56 - 41006 Sevilla
Dirección web: www.wanceuleneditorial.com y www.wanceulen.com
Email: info@wanceuleneditorial.com

ÍNDICE

INTRODUCCIÓN

En la iniciación al mundo del entrenamiento es muy usual intentar encontrar una receta o una fórmula que resuelva nuestras necesidades y que cubra las posibles lagunas que tengamos en nuestro conocimiento o en nuestra capacidad.

La complejidad y diversidad del juego hacen que haya que tener un conocimiento del mismo para su enseñanza y para su aprendizaje en algunos casos.

El fútbol está evolucionando y van apareciendo nuevos conceptos con diversidad de interpretaciones atendiendo a las distintas corrientes a las que seamos más afines. No obstante, creo que todo se puede adaptar y se le puede sacar rendimiento siempre que tenga una buena argumentación y no nos dejemos atraer por dogmas.

Este libro con tareas no pretende ser una respuesta matemática a las necesidades que pueda tener un entrenador para encontrar soluciones a los problemas que se le planteen. La intención es poder manejar recursos, adaptarlos a nuestra realidad de entrenamientos y que puedan introducirnos y orientarnos a conseguir en el entrenamiento los objetivos pretendidos.

He reducido el uso de material para simplificar y poder llegar a cualquier nivel de recursos y que puedan ser llevadas a cabo en cualquier realidad, sin necesidad de unos materiales que dificulten su realización.

Existen distintos tipos de tareas para la mejora del dominio colectivo de cualquier medio que queramos que nuestro equipo maneje durante el desarrollo de los partidos. Atendiendo a la metodología empleada, la duración, los espacios, el número de jugadores... pueden variar para satisfacer nuestro modelo de juego.

A continuación, desarrollaré distintas, tareas desde las más simples a las de mayor complejidad, para poder trabajar el concepto de la transición defensiva y que puedan formar parte de distintos modelos de juego ya que, atendiendo a las pretensiones de cada entrenador y a la metodología a emplear, cada uno debe introducirlas donde considere oportuno. Estas tareas carecen de un contexto y de una estrategia operativa, para los cuales necesitarán adaptación por parte del entrenador a todas las variables que crea que pueden tener incidencia en el desarrollo del juego de su equipo y a las características del mismo.

Todas las tareas propuestas carecerán de un contexto propio, del rival, la competición y la situación para el desarrollo de la estrategia operativa y el modelo de juego.

Castellano y Casamichana (2016) proponen este cuadro para la clasificación de las tareas según los metros cuadrados por jugador y de las demandas que serán exigidos los jugadores:

m^2 / jugador	1<2	3<4	5<7	8<10
<50	Fuerza		Recuperación	
<100				
<200	Frecuencia cardíaca		Velocidad	
>200				

En este libro se indicarán el número de jugadores y la división y distribución de los espacios. No obstante, para que la tarea se adapte a cada equipo, estado físico de los jugadores, modelo de juego y metodología, cada entrenador la deberá adaptar en cuanto a metros las distancias, los espacios e, incluso, en número de jugadores en algunos casos para tener un mejor desarrollo con su equipo.

Las tareas no tendrán límites de toques, contactos o golpeos para conseguir nuestro objetivo, ya que habrá jugadores que necesiten o decidan utilizar un número mayor por necesidades del juego, por condiciones técnicas o por condicionantes físicos de desarrollo. No obstante, al ser tareas abiertas, el entrenador podrá condicionarlas si lo cree necesario u oportuno para conseguir los beneficios pretendidos conociendo la realidad a la que las va a exponer.

EL CONCEPTO DE
TRANSICIÓN OFENSIVA
EN FÚTBOL

Según Juanma Lillo *"El juego es una unidad indivisible, no hay momento defensivo sin momento ofensivo. Ambos constituyen una unidad funcional"*.

Por cada fase que pueda pasar, el juego condicionará lo que vaya a pasar después. Es importante todo lo que va pasando durante un partido, para lo que acontece después.

La "historia" del juego condicionará el presente, lo que está pasando, y nos preparará para el futuro, lo que va a pasar.

En las distintas interpretaciones del juego los autores nombran las fases o momentos de diferentes formas. De manera objetiva y sin ánimo de complicar la definición, estos son los momentos por lo que pasa el juego desde la perspectiva de un equipo y con el balón cómo protagonista:

Mi equipo tiene el balón:

- Lo puedo tener porque tenga que realizar el saque de inicio
- Puede estar detenido y lo pone en juego mi equipo.
- Mi equipo recupera el balón.
    - Puede ser un por un robo (se lo ha quitado mi equipo al rival).
    - Porque lo haya entregado el rival.
    - Porque salió fuera del terreno de juego tocado en último lugar por el otro equipo
    - Porque el rival cometió una infracción (teniendo el balón).
    - Porque se le marche al rival el balón del terreno de juego.

Mi equipo NO tiene el balón:

- Puede estar dividido el balón (ejemplo de un despeje del rival, un mal pase del rival, un balón a tierra, ...)
- Puede estar detenido el juego y lo pone en juego el rival.
- Pierdo el balón.
    - Puede ser por un robo (se lo ha quitado el rival a mi equipo).
    - Porque lo haya entregado mi equipo al rival.
    - Porque mi equipo cometió una infracción (teniendo el balón)
    - Porque se le marche a mi equipo el balón del terreno de juego.
    - Puede estar dividido por una acción previa de mi equipo.

Hablo de momentos o situaciones porque se producen cambios en los equipos ante ellos, no me gusta considerarlos fases porque estaríamos diseccionando el juego y sólo estoy enumerando por las circunstancias que pasa el balón con respecto a mi equipo. Es una forma de analizarlo de manera objetiva y nos puede servir para organizar nuestro modelo de juego ante ellos.

A partir de todo lo que puede pasar en un partido de futbol podemos organizar el juego de nuestro equipo, y si somos dominadores o controlamos todas estas "circunstancias" estaremos más cerca de poder ganar un partido (daremos sentido a parte de nuestro trabajo).

El juego es no es cíclico. La sucesión de los distintos "momentos" no es siempre la misma. Puedo tener el balón; no tenerlo y tenerlo el rival; tenerlo de nuevo; no tenerlo y que tampoco lo tenga el rival; tenerlo; tenerlo el rival,... Esta secuenciación del juego no tiene porqué ser siempre la misma, podemos pasar de un momento a otro por circunstancias del partido o porque un suceso nos lleve a otro.

Para el desarrollo de nuestro modelo de juego con el equipo durante los partidos, son importantes las transiciones, por que los equipos se manejarán de manera interna con las intenciones y los análisis llevan un alto grado de interpretación de lo que estamos viendo, pero para el desarrollo del juego en si, no. De nuevo hemos vuelto a etiquetar el juego y diseccionarlo para entenderlo (nosotros, los entrenadores).

Tamarit, X. (2007) nos habla de cuatro fases del juego en fútbol: *"ataque, defensa, transición ataque-defensa y defensa-ataque".*

La Real Academia de la lengua Española define la transición como *"acción y efecto de pasar de modo de ser o estar a otro distinto"*, y ofensiva como *"que sirve para defender o proteger "*.

Cuando hablamos de transición ofensiva, según González, A. en su libro Fútbol. Dinámica del juego desde la perspectiva de las transiciones en 2013, *"es la fase del juego en la que el equipo actúa ante la recuperación del balón, se prepara ante ella, responde inmediatamente cuando se produce y empieza a aplicar los medios necesarios para tratar de marcar gol o pasar a atacar posicionalmente".*

Entiendo que las transiciones no son una fase del juego o un momento, se puede decir que es cómo pasamos de una fase a otra, es un proceso interno de cada equipo. Es lo que hace mi equipo para asegurarse poder hacer los movimientos, usar los medios o los principios con balón y sin balón.

Por lo tanto, la transición ofensiva es cómo me preparo para atacar cuando recupero el balón. Las actitudes o comportamientos que tome un equipo cuando recupere el balón pueden tener como finalidad:

- Avanzar e ir rápido hacia la portería contraria para que no le dé tiempo al rival a organizarse defensivamente (contra-ataque).
- No precipitarme porque el rival está organizado y llevar el juego a situaciones ventajosas previamente establecidas utilizando los medios o principios acordados. Asegurando la posibilidad de organizar el ataque con un "orden" preestablecido.
- Salir/ escapar de la presión tras pérdida del rival en condiciones ventajosas.

Los objetivos alcanzables en el juego con un buen manejo de las transiciones como equipo son:

- Asegurar la posesión de balón una vez recuperado.
- Imponer el ritmo de juego.

- Explotar los espacios que haya dejado el rival cuando estaba en posesión del balón.

- Contraatacar.

- Obligar al equipo contrario a estar tenso durante el juego. Someterlo a estrés.

- Llevar el juego a situaciones ventajosas.

En las tareas, los estímulos e indicadores para poner en marcha los mecanismos de nuestro equipo en las transiciones, serán estímulos propios del juego para identificar con claridad el momento de poder ponerlos en marcha y de que los jugadores puedan reconocer lo que está pasando y reaccionar. Realizar la transición después de un estímulo auditivo (voz del entrenador, silbato...) no será de ayuda para el aprendizaje. Por lo tanto, tiene que haber una recuperación por parte del equipo o una pérdida del rival.

SIMBOLOGÍA

Jugadores Equipo A	○
Jugadores Equipo B	●
Jugadores Equipo C	◑
Desplazamiento sin balón	
Control orientado	
Desplazamiento del balón	
Conducción del balón	
Desplazamiento del balón por alto	
Tiro a puerta	
Balón	

LAS TRANSICIONES OFENSIVAS
EN FÚTBOL

50

TAREAS PARA SU ENTRENAMIENTO

Tarea Nº 1	Objetivo Principal	Mejora de la transición ofensiva
	Jugadores	4 (P+2x1)

Explicación

Los jugadores sitiados como en la imagen. Se pasan la pelota los 2 jugadores del equipo negro y el jugador del equipo blanco decidirá cuando cortar un pase para ir a lanzar a portería. Cuando lo haga los jugadores del equipo negro presionarán el tiro.

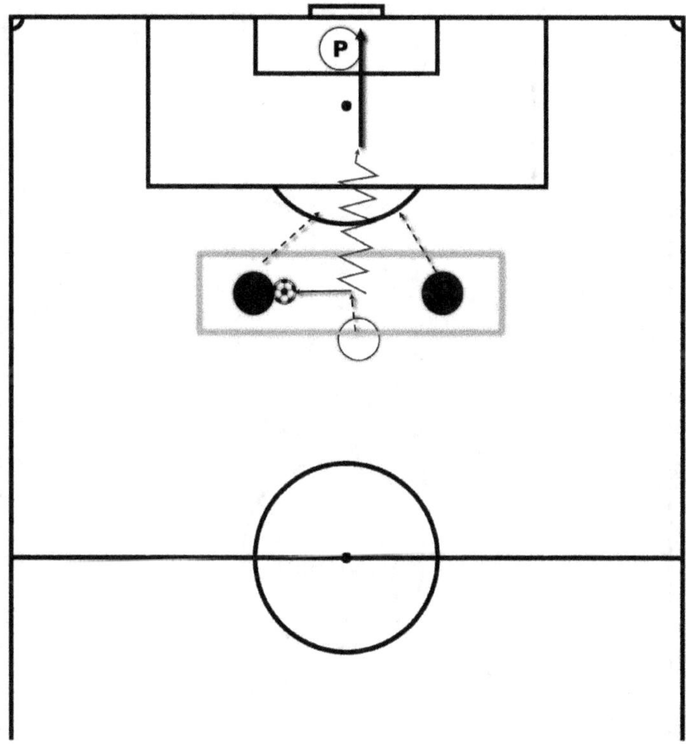

Tarea N° 2	Objetivo Principal	Mejora de la transición ofensiva
	Jugadores	4 (P+2x2)
Explicación		

Los jugadores situados como en la imagen. Se pasan la pelota los 2 jugadores del equipo negro y los jugadores del equipo blanco decidirán cuando y quien cortar un pase para ir a lanzar a una portería u otra. Cuando lo hagan los jugadores del equipo negro presionarán el tiro.

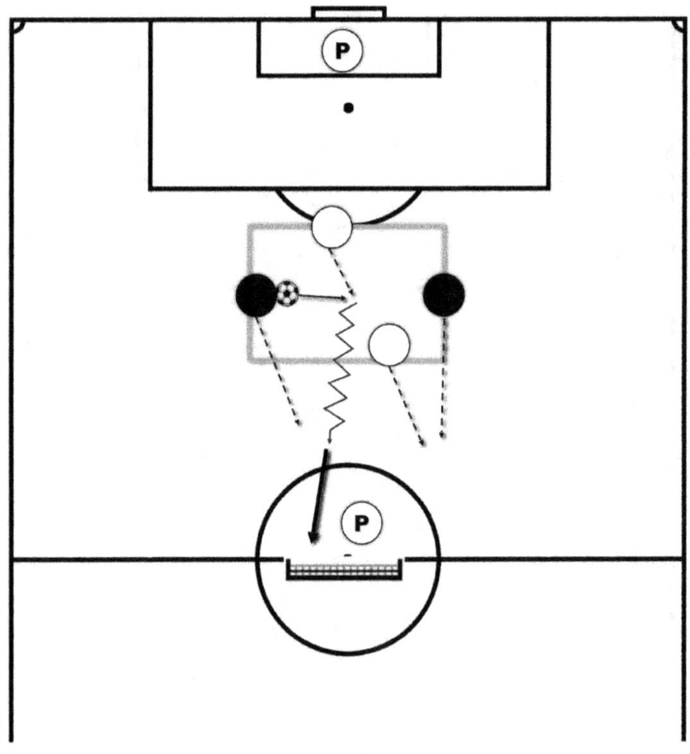

Tarea Nº 3	Objetivo Principal	Mejora de la transición ofensiva
	Jugadores	7 (3x3+P)

Explicación

Los jugadores se distribuyen como en la imagen (dos del equipo negro en los vértices más alejados de la portería). El equipo blanco cuando roba atacará rápido sobre la portería.

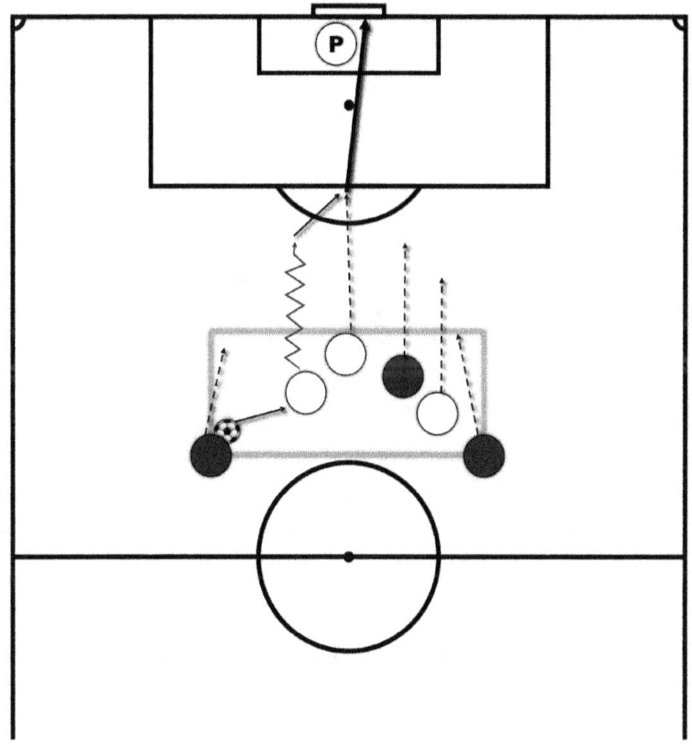

Tarea N° 4	Objetivo Principal	Mejora de la transición ofensiva
	Jugadores	4(2x1+1)

Explicación

Los jugadores distribuidos como en la imagen. Juegan 2x1 en cada cuadrado. El jugador que roba juega con el jugador que está fuera y este entra a mantener el balón con e que robó dentro del cuadrado con su compañero y el jugador que perdió el balón sale a esperar que recupere el balón su compañero.

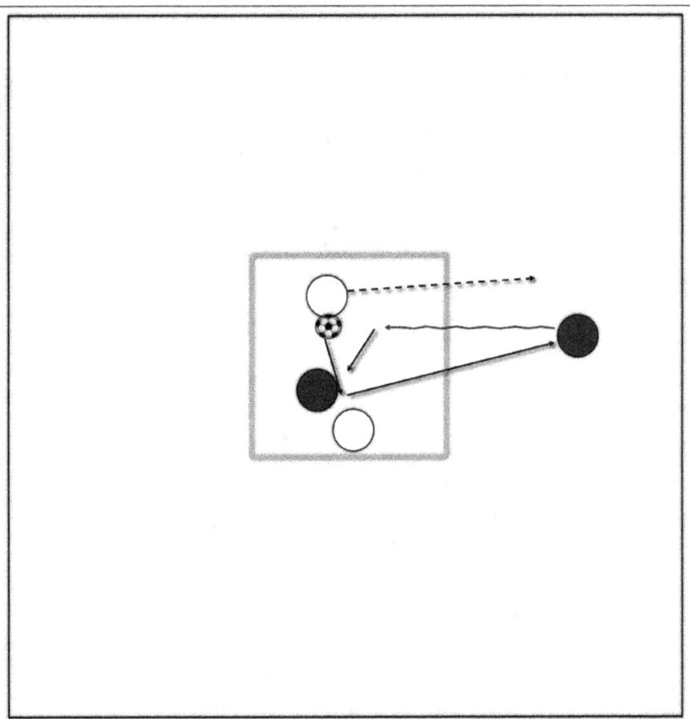

Tarea N° 5	Objetivo Principal	Mejora de la transición ofensiva
	Jugadores	3 (1x1+P))

Explicación

Un jugador (negro) tiene el balón y el otro (blanco) se lo roba y ataca rápido a portería.

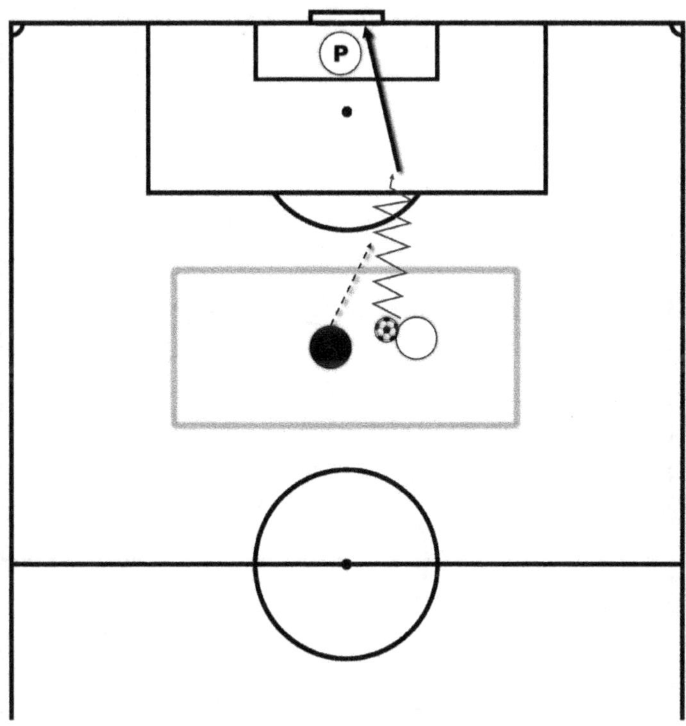

Tarea N° 6	Objetivo Principal	Mejora de la transición ofensiva
	Jugadores	4 (P+1x1+1)

Explicación

Un jugador tiene el balón (negro) y el otro se lo roba (blanco) y juega con el compañero que está adelantado para ataca rápido a portería en situación de dos contra uno.

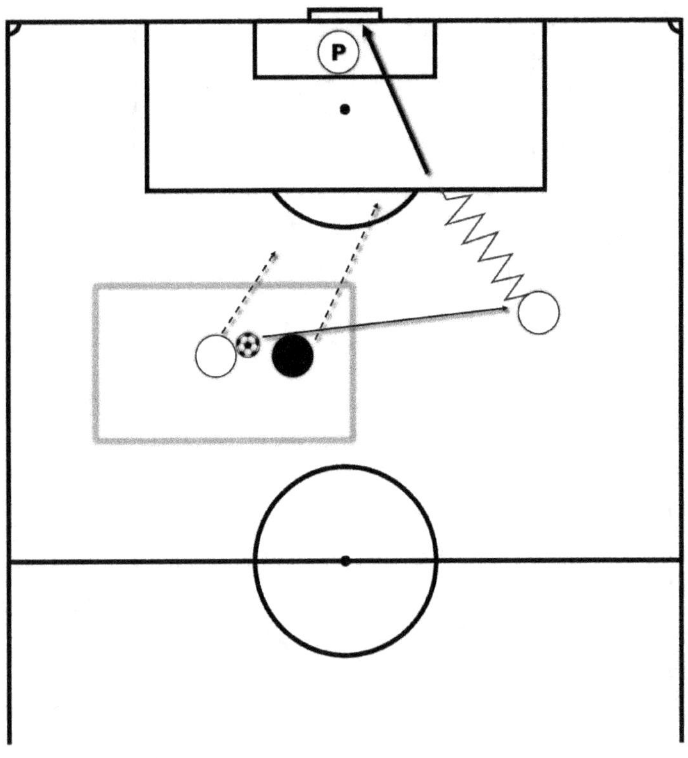

Tarea N° 7	Objetivo Principal	Mejora de la transición ofensiva
	Jugadores	10 (4+Px+4+1)

Explicación

Los jugadores se distribuyen como en la imagen. Juegan 4 (equipo blancos) contra 4 (equipo negro) en un cuadrado. Cuando recupera el equipo negro, pasan al jugador adelantado y salen del cuadrado todos los jugadores (los negros para atacar y los blancos para defender).

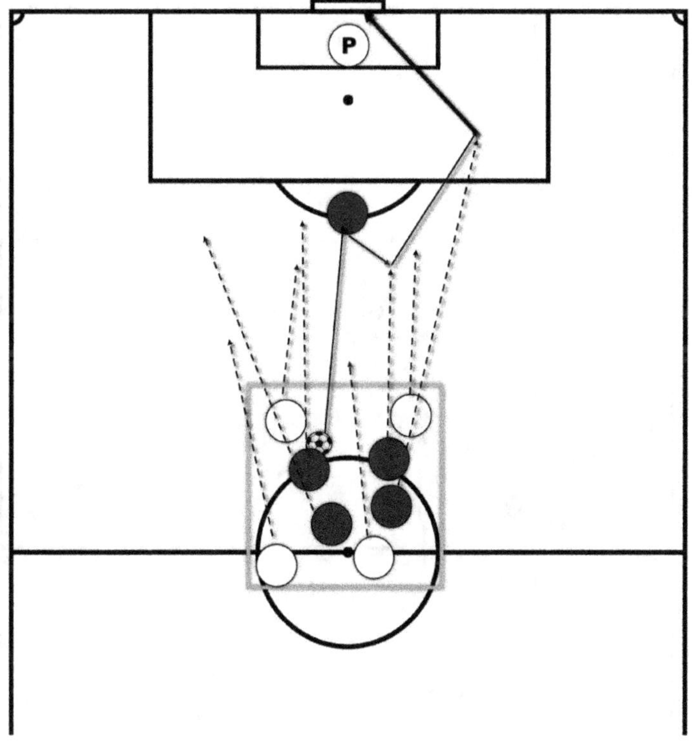

Tarea N° 8	Objetivo Principal	Mejora de la transición ofensiva
	Jugadores	14 (4x3+2x4+P)

Explicación

Los jugadores se distribuyen como en la imagen. Juegan 4 (equipo blancos) contra 3 (equipo negro) en un cuadrado. Cuando recupera el equipo negro salen del cuadrado y pasan a uno de los dos jugadores que están fuera y todo el equipo negro atacará la portería que defienden 4 jugadores blancos y el portero.

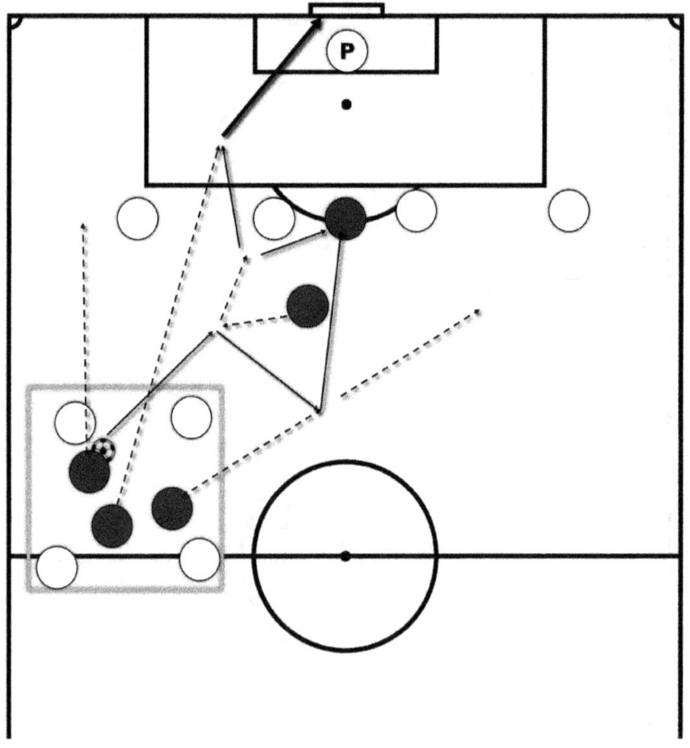

Tarea N° 9	Objetivo Principal	Mejora de la transición ofensiva
	Jugadores	18

Explicación

En la disposición de la imagen, El jugador que roba balón tiene que llevárselo al cuadrado donde están manteniendo el balón los jugadores de su equipo. Al jugador que le roban el balón va al otro cuadrado a presionar e intentar robar otro para traérselo a su cuadrado.

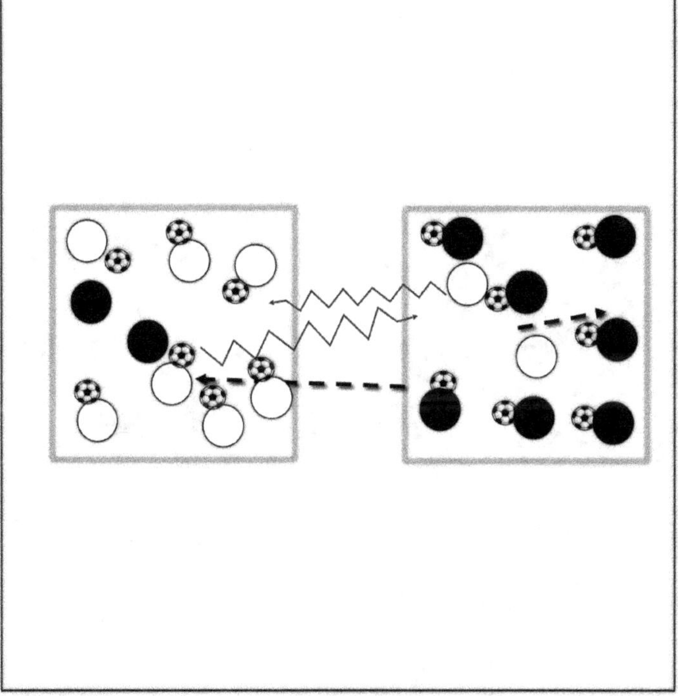

Tarea N° 10	Objetivo Principal	Mejora de la transición ofensiva
	Jugadores	18

Explicación

Los jugadores la disposición de la imagen, El jugador que roba balón tiene que pasar al jugador que está en el cono para que se vaya a conducir al cuadrado donde están manteniendo el balón los jugadores de su equipo. El jugador que recupera se irá al cono a esperar que un compañero robe un balón y se lo pase. Al jugador que le roban el balón va al otro cuadrado a presionar e intentar robar otro para pasar al jugador de su equipo que esté en el cono

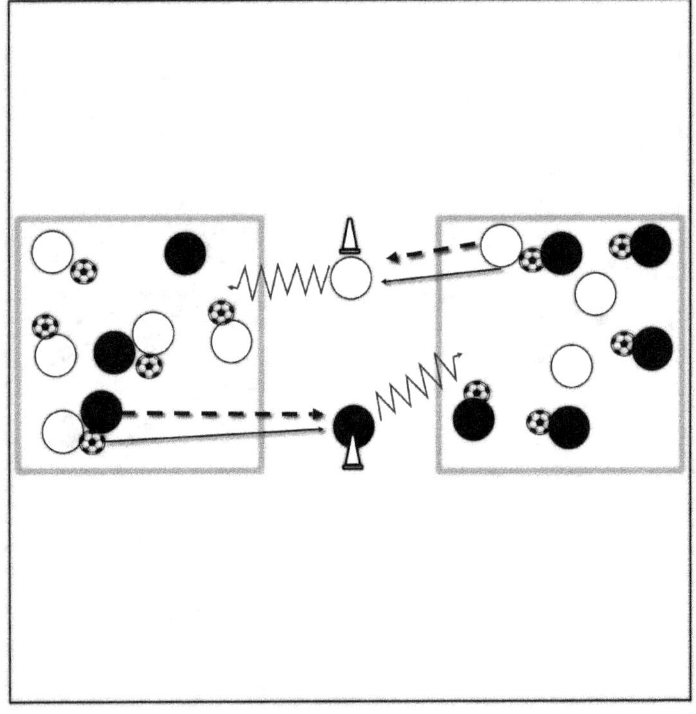

Tarea Nº 11	Objetivo Principal	Mejora de la transición ofensiva
	Jugadores	8

Explicación

Los jugadores que tienen balón tienen que atravesar de una zona a otra, los que no tienen presionarán para robar cuando pasen por el centro. El jugador que roba el balón tiene que llevárselo rápido a la zona del fondo para pasar de una zona a otra.

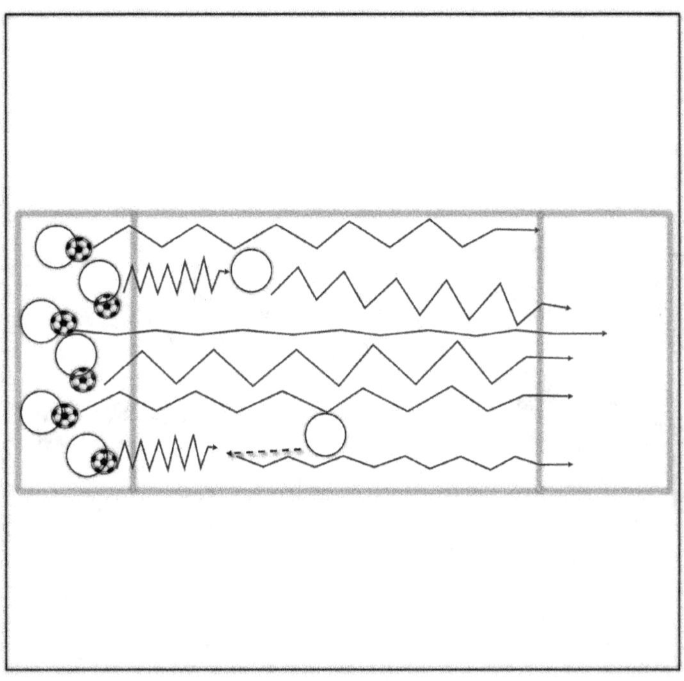

Tarea N° 12	Objetivo Principal	Mejora de la transición ofensiva
	Jugadores	19
	Explicación	

Dentro del área los jugadores se pasan el balón por parejas y 5 jugadores intentan interceptar los pases, cuando un jugador intercepte un pase, el que intercepto pasará a tener el balón con el otro y el que perdió pasará a interceptar.

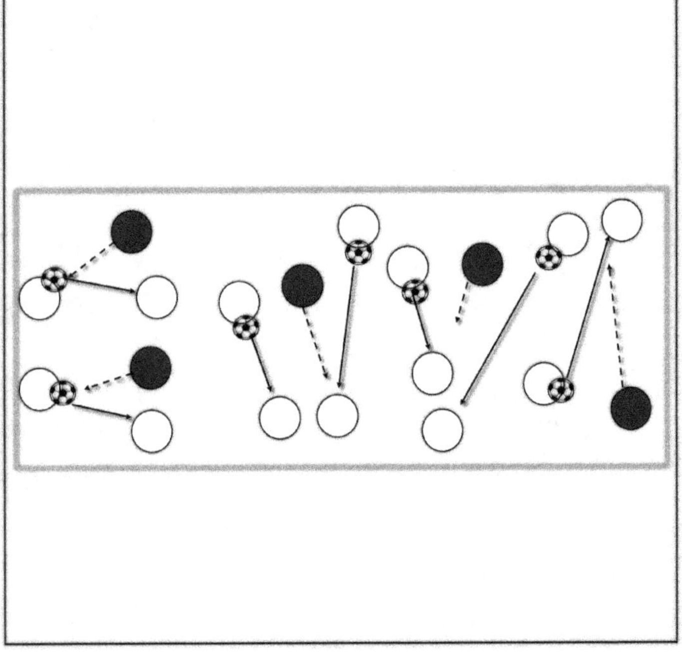

Tarea N° 13	Objetivo Principal	Mejora de la transición ofensiva
	Jugadores	20

Explicación

Dentro del área se meten todos los jugadores con balón menos 5 que intentarán presionar para robar balón, cuando recuperen intentarán mantenerlo y el que perdió tendrá que robar otro.

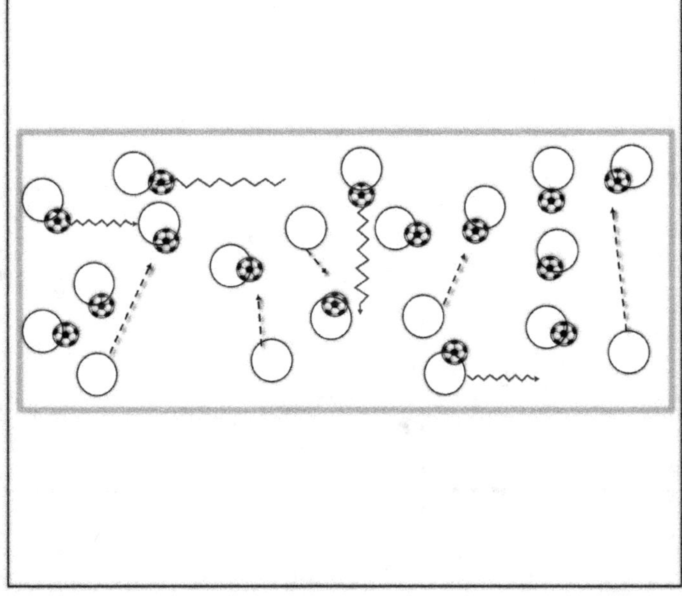

Tarea N° 14	Objetivo Principal	Mejora de la transición ofensiva
	Jugadores	11

Explicación

8 jugadores en el rectángulo de la mitad del campo conducen y hay 2 jugadores sin balón que presionan para robar, cuando recuperan salen rápido con su balón hacia la portería, lanzan y vuelven al rectángulo con balón. Los que perdieron el balón quedarán robando.

Tarea N° 15	Objetivo Principal	Mejora de la transición ofensiva
	Jugadores	7 (C+1x1+C+1x1+C)

Explicación

Los jugadores distribuidos como en la imagen. Juegan 1x1+C en cada cuadrado. El jugador que roba juega con el comodín que está fuera y este entra a mantener el balón con el dentro del cuadrado y el comodín que empezó dentro sale a esperar que recuperen el balón en alguno de los cuadrados y jueguen con el.

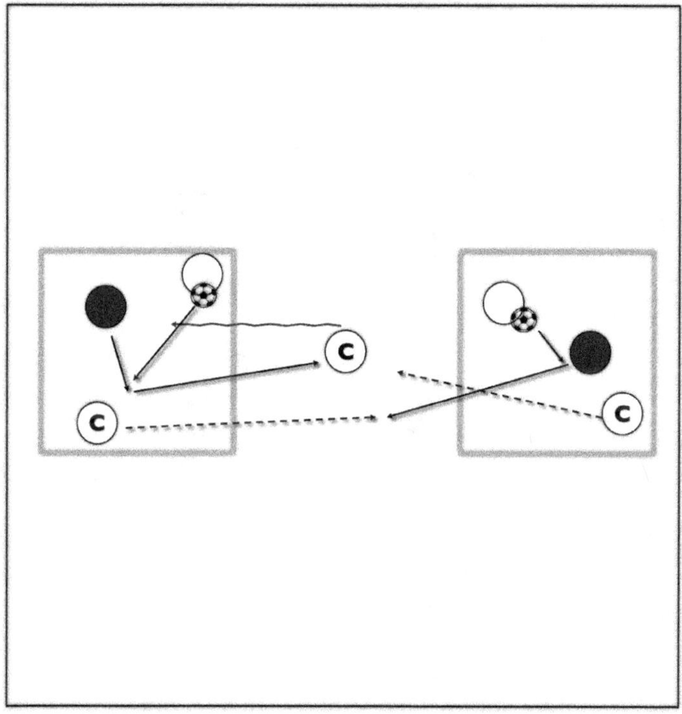

Tarea N° 16	Objetivo Principal	Mejora de la transición ofensiva
	Jugadores	10 (4x4+2)

Explicación

Los jugadores distribuidos como en la imagen. El equipo blanco tiene el balón con los comodines. El equipo negro cuando roba, tiene que jugar rápido con algún comodín, para colocarse y cambiar el rol con el equipo blanco.

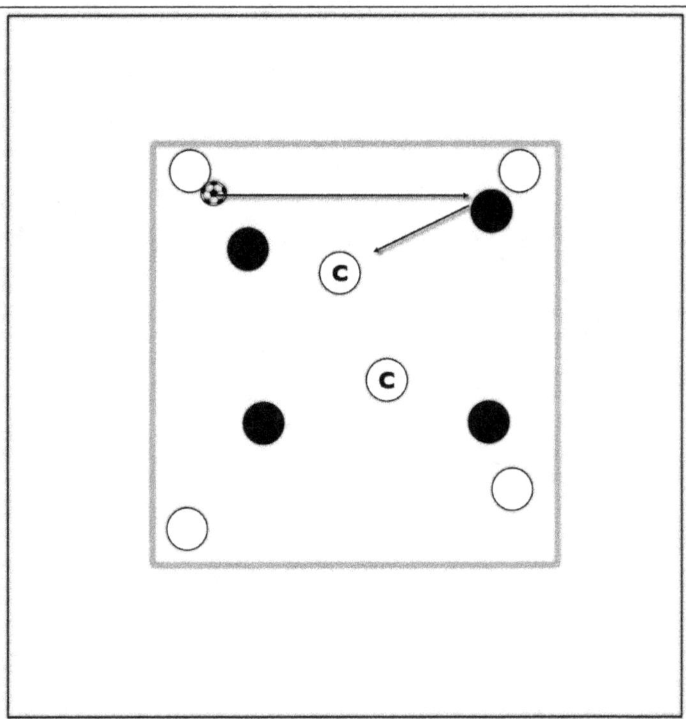

Tarea N° 17	Objetivo Principal	Mejora de la transición ofensiva
	Jugadores	12 (2+4x4+2)

Explicación

Los jugadores distribuidos como en la imagen. El equipo blanco tiene el balón con sus dos jugadores por dentro. El equipo negro cuando roba, tiene que jugar rápido con algún jugador de los que esta fuera, para que entren y cambiar el rol con el equipo blanco.

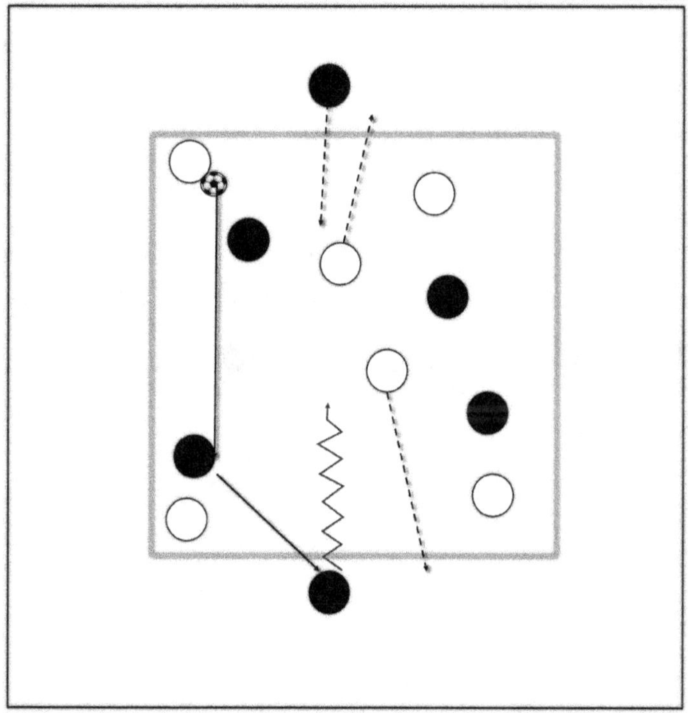

Tarea N° 18	Objetivo Principal	Mejora de la transición ofensiva
	Jugadores	12 (4x4+4)

Explicación

Los jugadores distribuidos como en la imagen. El equipo blanco tiene el balón. El equipo negro cuando roba, tiene que jugar rápido con alguno de los comodines situados en las líneas para mantener la posesión del balón y cambiar el rol con el equipo blanco

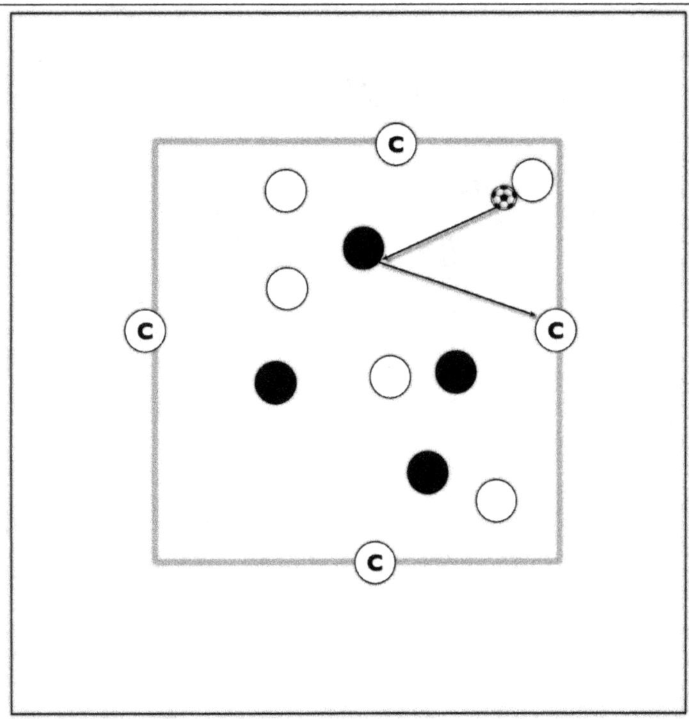

Tarea N° 19	Objetivo Principal	Mejora de la transición ofensiva
	Jugadores	12 (4x4+4)

Explicación

Los jugadores distribuidos como en la imagen. El equipo blanco tiene el balón. El equipo negro intenta recuperar para jugar rápido con el tercer equipo que está por fuera del cuadrado. Cuando juega con el, el equipo negro se sale fuera y espera que el equipo blanco robe y juegue con ellos para entrar con la posesión de balón y cambiar el rol.

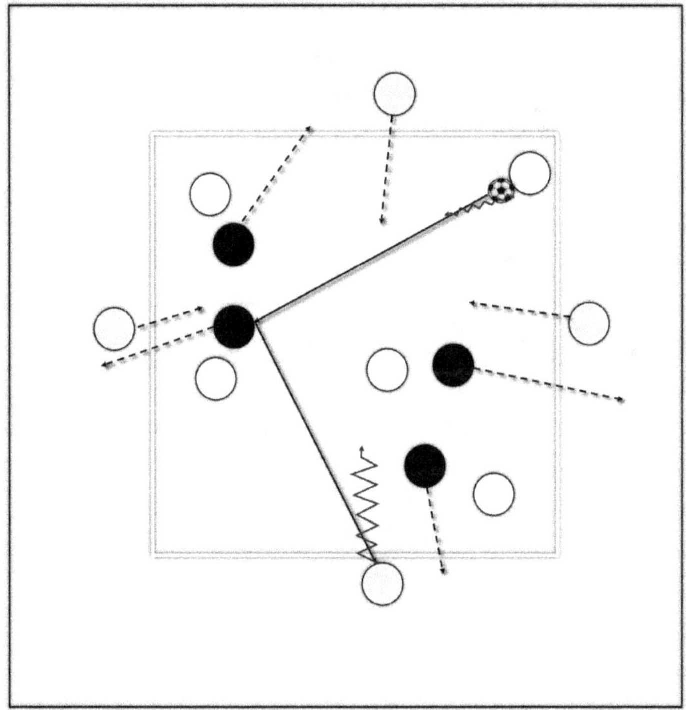

Tarea Nº 20	Objetivo Principal	Mejora de la transición ofensiva
	Jugadores	11 (5x5+1)

Explicación

Los equipos situados como en la imagen. El equipo que está por dentro, cuando recupere el balón, pasará al comodín del cuadrado y cambiara el rol con el equipo que esta por fuera

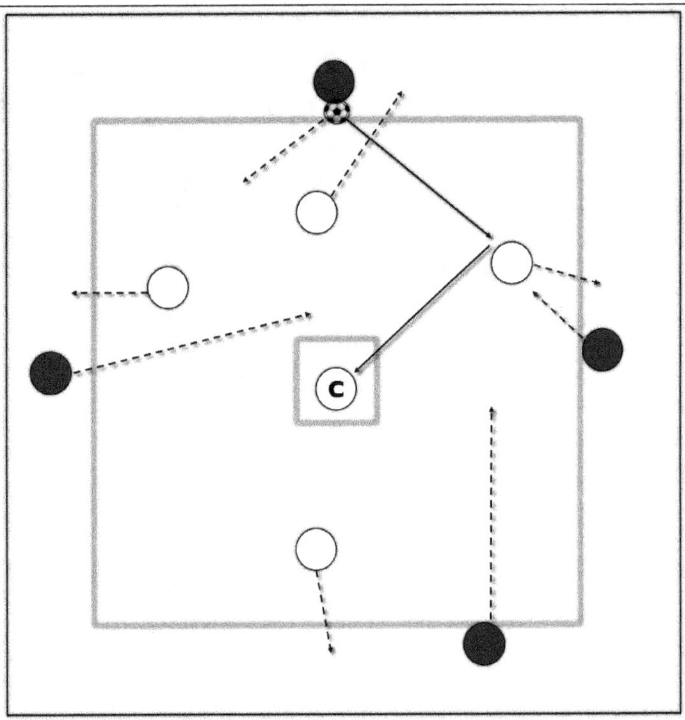

Tarea Nº 21	Objetivo Principal	Mejora de la transición ofensiva
	Jugadores	12 (1+5x5+1)

Explicación

Juegan 5 contra 5 con marcas individuales. Cuando recuperan juegan con el jugador que está fuera, que cambiará el rol con el compañero que le pasó el balón.

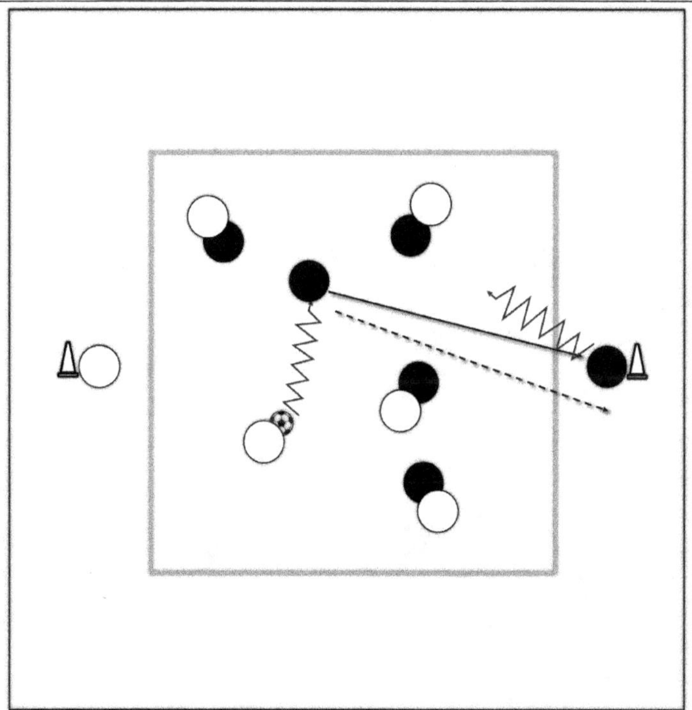

Tarea N° 22	Objetivo Principal	Mejora de la transición ofensiva
	Jugadores	14 (7x7)

Explicación

El equipo poseedor (blanco) intenta mantener la posesión de balón en la superficie del cuadrado mayor, el equipo que no tiene balón (negro) tiene que robar el balón y cuando lo hace, entrar rápido con el balón controlado en el cuadrado del centro para empezar a mantener la posesión de balón.

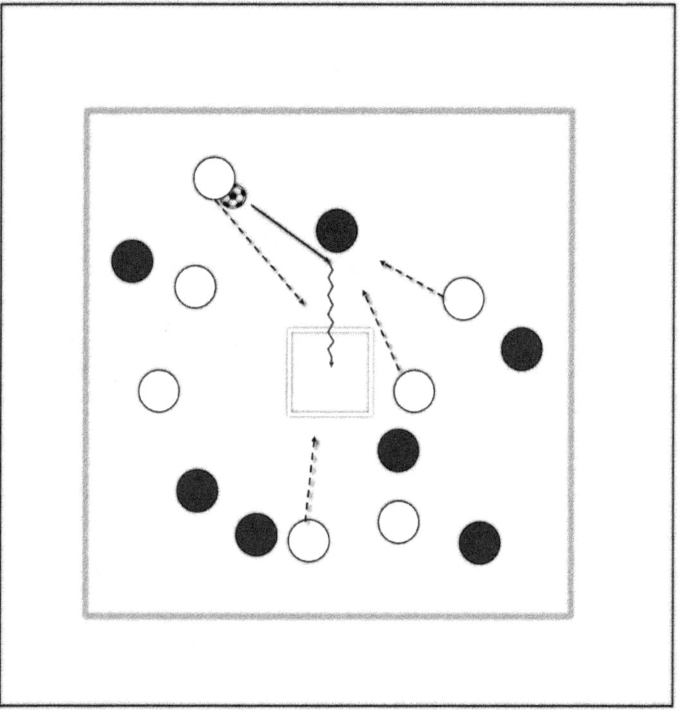

Tarea N° 23	Objetivo Principal	Mejora de la transición ofensiva
	Jugadores	14 (7x7)

Explicación

El equipo poseedor (blanco) intenta mantener la posesión de balón en la superficie del cuadrado, el equipo que no tiene balón (negro) tiene que robar el balón y cuando lo hace, salir rápido con el balón controlado del cuadrado para empezar a mantener la posesión de balón de nuevo en el cuadrado.

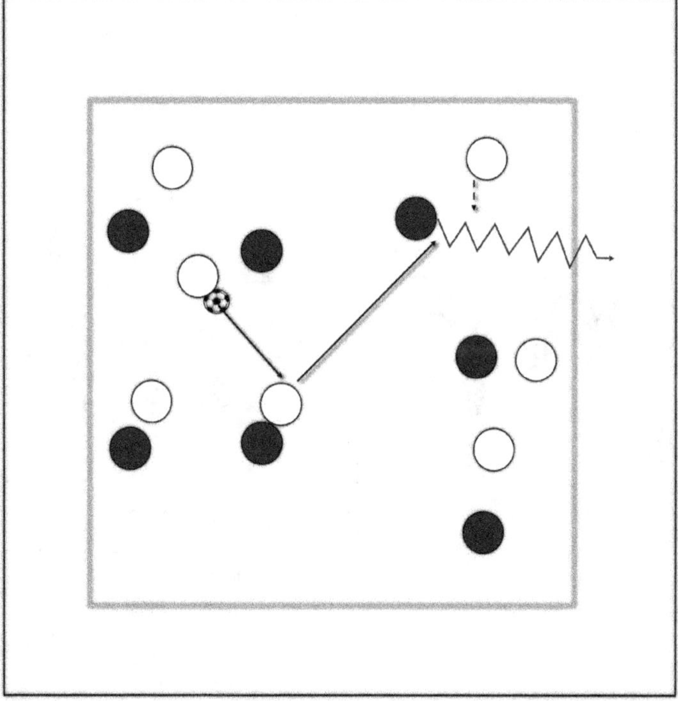

Tarea N° 24	Objetivo Principal	Mejora de la transición ofensiva
	Jugadores	20

Explicación
En un rectángulo dividido en 8 partes iguales distribuidos los comodines como en la imagen y los comodines sobre las líneas. El equipo que tiene el balón tendrá un jugador en cada cuadrado, el que roba se moverá libre y cuando recupera juega con los comodines para ocupar los cuadrados y el equipo que perdió pasa a tener libertad para moverse por los cuadrados para recuperar.

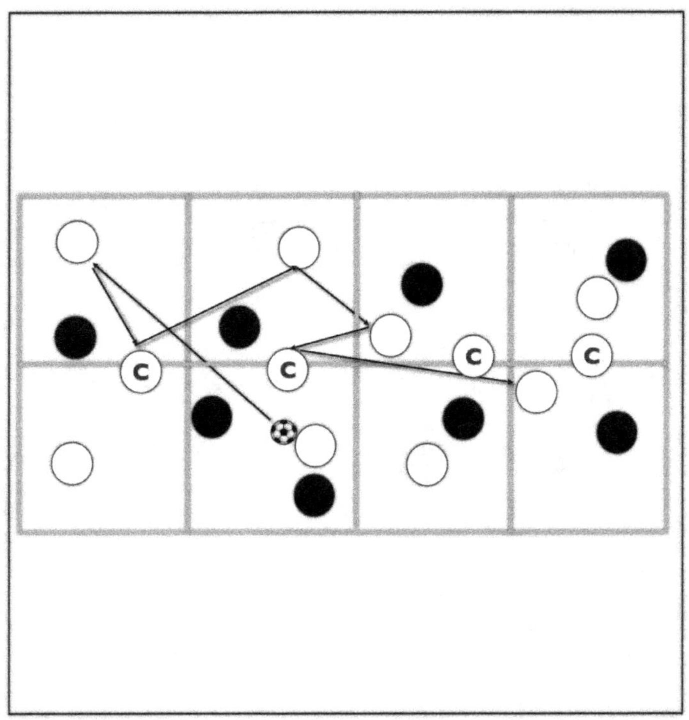

Tarea N° 25	Objetivo Principal	Me jora de la transición ofensiva
	Jugadores	16 (6x6+2)

Explicación

En un rectángulo dividido en tres campos iguales, los equipos se colocarán en la disposición de la imagen. Los jugadores no pueden cambiar de zona y cuando un equipo recupera, pasa al comodín para poder cambiar el balón de cuadrado. Los comodines solo participan cuando recuperan como apoyo. Durante el mantenimiento de la posesión, los comodines esperarán que haya un robo y les pasen el balón.

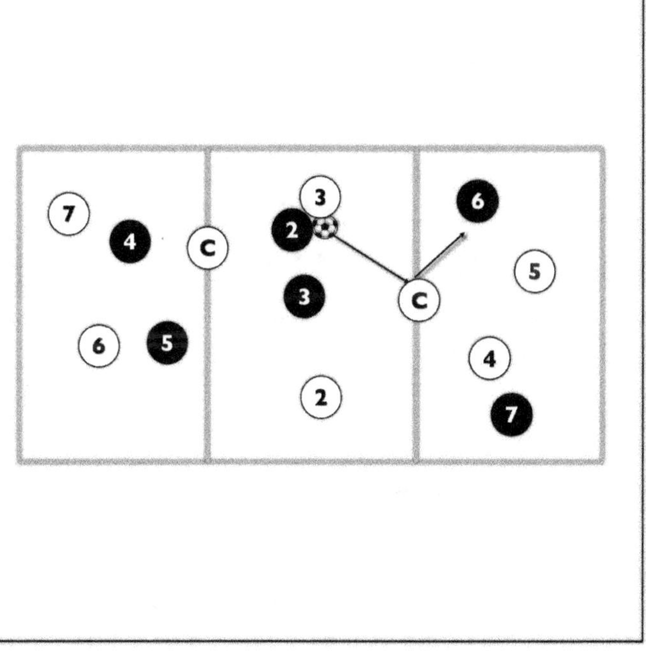

Tarea Nº 26	Objetivo Principal	Mejora de la transición ofensiva
	Jugadores	8 (4x4)

Explicación

En un cuadrado dividido en dos partes un equipo tiene que mantener el balón en una mitad y el otro en la otra. Cuando se recupera el balón se juega rápido con el compañero que estaba en la otra mitad, se irán ambos equipos a jugar a la otra mitad dejando el que perdió el balón un jugador en la mitad que lo perdió hasta que recupere su equipo de nuevo y juegue con él.

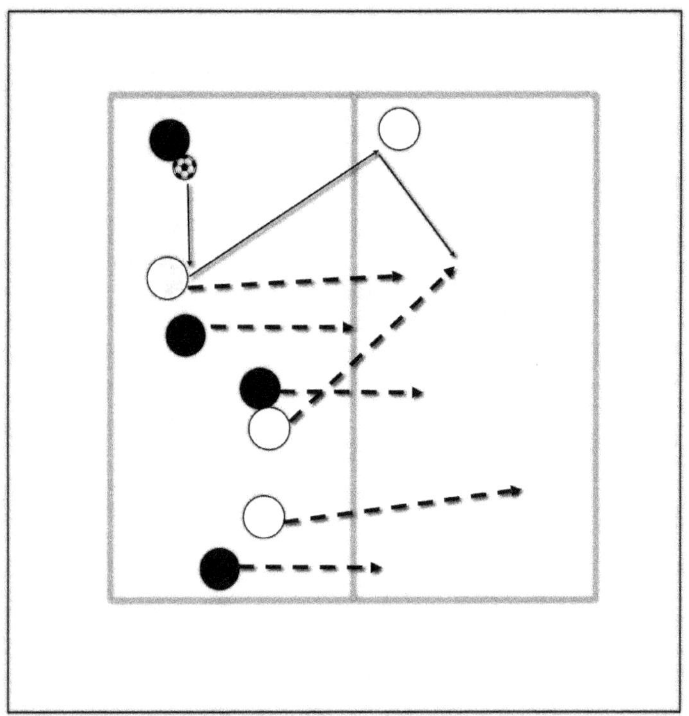

Tarea N° 27	Objetivo Principal	Mejora de la transición ofensiva
	Jugadores	8 (4x4)

Explicación

En un cuadrado dividido en dos partes un equipo tiene que mantener el balón en una mitad y el otro en la otra. Cuando recuperan el balón juegan rápido con el compañero que estaba en la otra mitad (que será presionado por el que estaba fuera del cuadrado del equipo que comenzó con la posesión). Se irán ambos equipos a jugar al nuevo espacio, dejando el que la recuperó un jugador fuera y el que tiene que robar, dejará uno en la mitad en la que se partió para recibir cuando su equipo recupere de nuevo.

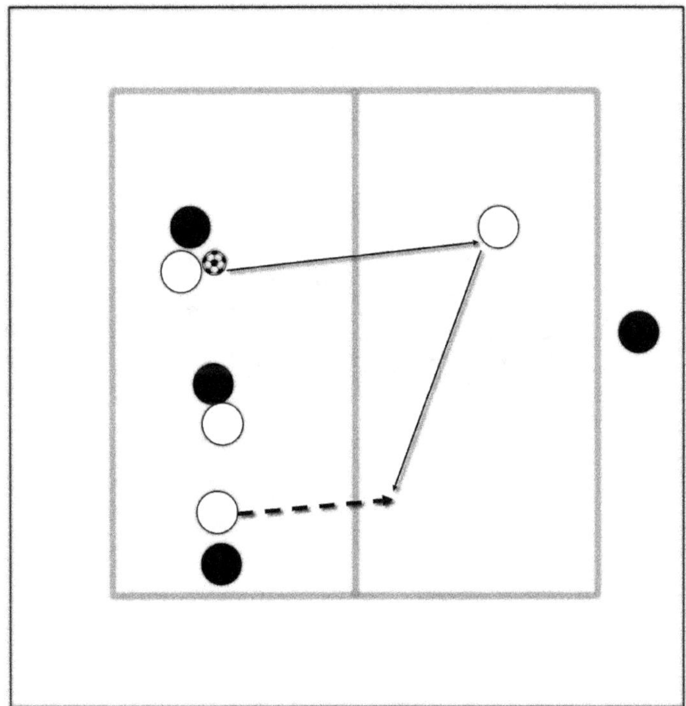

Tarea N° 28	Objetivo Principal	Mejora de la transición ofensiva
	Jugadores	10 (5x4+1)

Explicación

En la disposición de la imagen, el equipo blanco intenta mantener la posesión de balón en un cuadrado y el equipo negro cuando roba pasa al compañero que está en el otro cuadrado para intentar mantener el balón allí. El equipo blanco irá a presionar para recuperar, pero dejará uno en el cuadrado para cuando recuperen poder jugar con él.

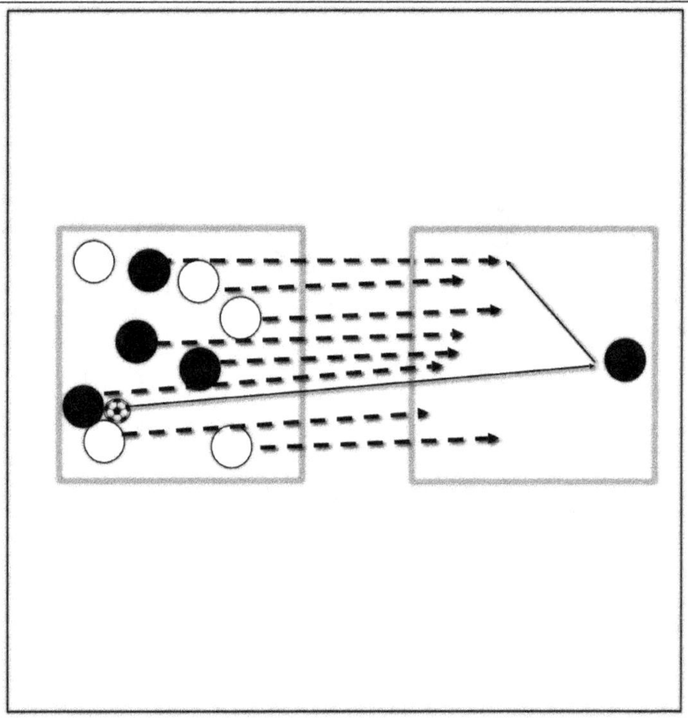

Tarea Nº 29	Objetivo Principal	Mejora de la transición ofensiva
	Jugadores	17 (8x8+C)

Explicación

En un rectángulo dividido en dos cuadrados, con un pasillo central, el comodín se sitúa en el pasillo y los equipos se reparten 4 contra 4 en cada cuadrado. Cada vez que un equipo recupera, tiene que jugar con el comodín para pasar el balón a la otra mitad. Cada equipo intentará que se juegue en una mitad.

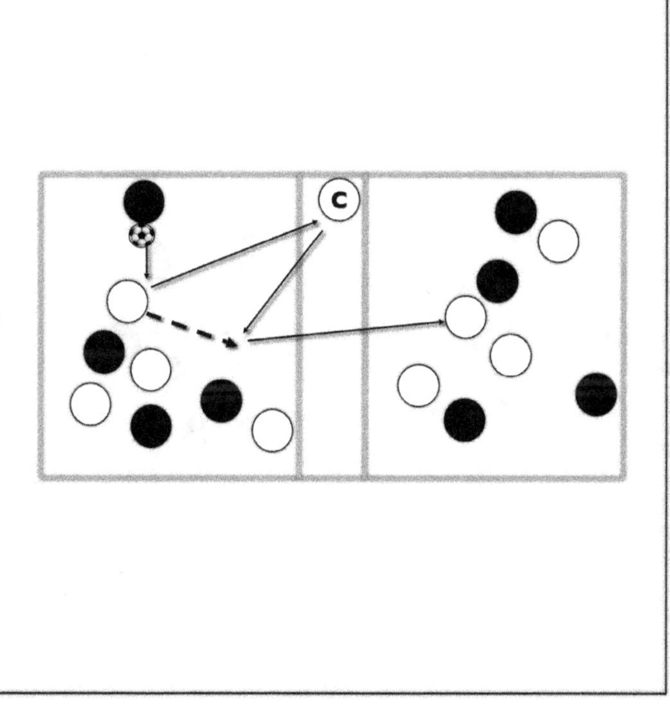

Tarea Nº 30	Objetivo Principal	Mejora de la transición ofensiva
	Jugadores	17 (8x8+C)

Explicación

En un rectángulo dividido en dos cuadrados, con un pasillo central, el comodín se sitúa en el pasillo y los equipos se reparten 4 contra 4 en cada cuadrado, apoyados por el comodín cuando tienen la posesión de balón como en la imagen. Los equipos pueden pasar de una mitad a otra para robar y cuando recuperan juegan con el comodín y se colocan en su mitad.

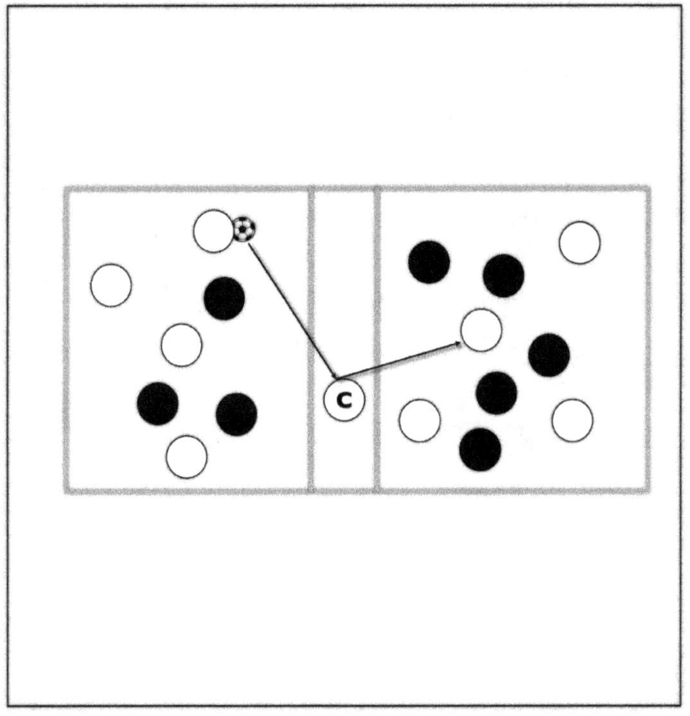

Tarea N° 31	Objetivo Principal	Mejora de la transición ofensiva
	Jugadores	9 (4x4+1)+P

Explicación

En un rectángulo dividido en dos cuadrados, el comodín se sitúa en cuadrado que está el portero y la portería. Se juega 4 contra 4 en el otro cuadrado, El equipo negro mantiene la posesión del balón y el equipo blanco cuando roba pasa al comodín para poder atacar la portería. Los jugadores solo podrán entrar en el campo de la portería cuando jueguen con el comodín.

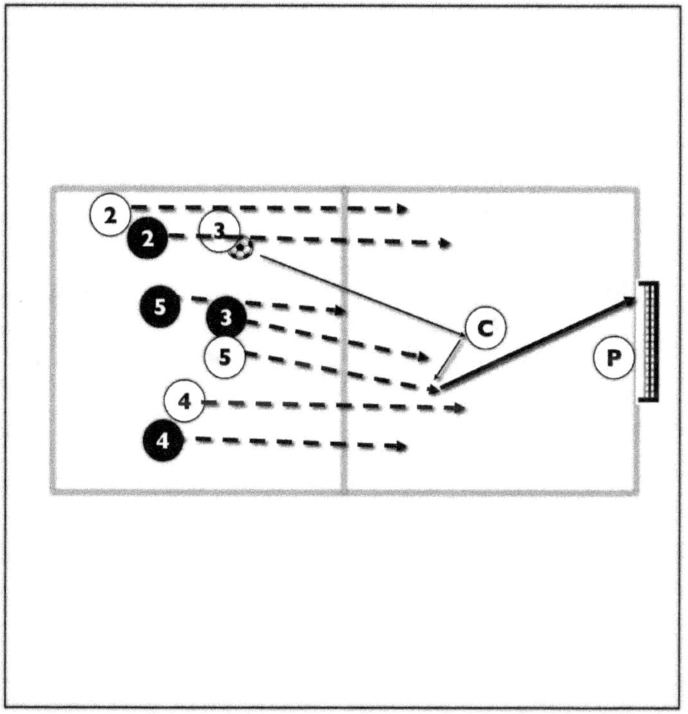

Tarea N° 32	Objetivo Principal	Mejora de la transición ofensiva
	Jugadores	10 (4x4+1+P)

Explicación

En un rectángulo con un pasillo cercano a la portería, se colocan dos equipos. Un equipo mantendrá el balón y el otro intentará robar para jugar con el comodín y finalizar la jugada.

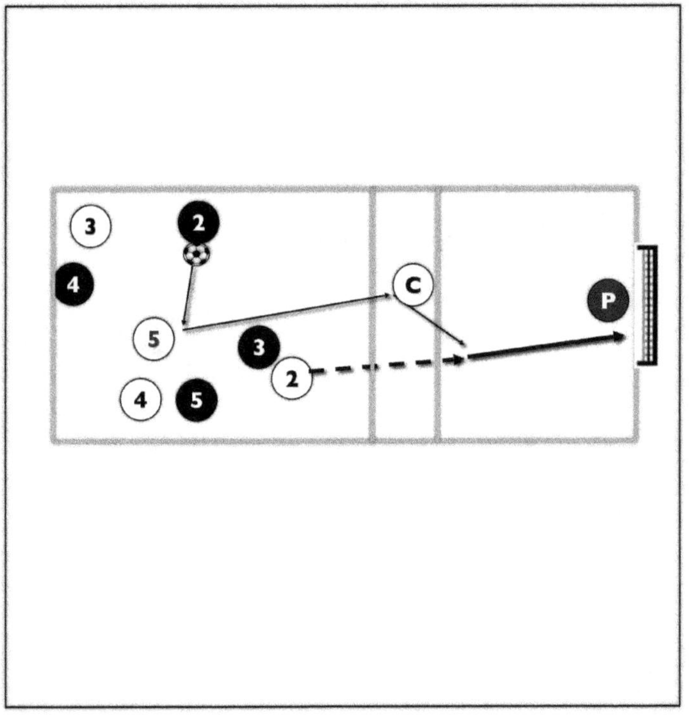

Tarea N° 33	Objetivo Principal	Mejora de la transición ofensiva
	Jugadores	7

Explicación

Los jugadores distribuidos como en la imagen. Tendrán que atravesar de uno en uno y de lado a lado el cuadrado, pasando por el cuadrado del centro. El jugador sin balón intentará robar el balón a los que pasen por el cuadrado pequeño. Cuando lo haga, tirará a portería y el que perdió quedará en el cuadrado a la espera de robar a los jugadores que vayan pasando.

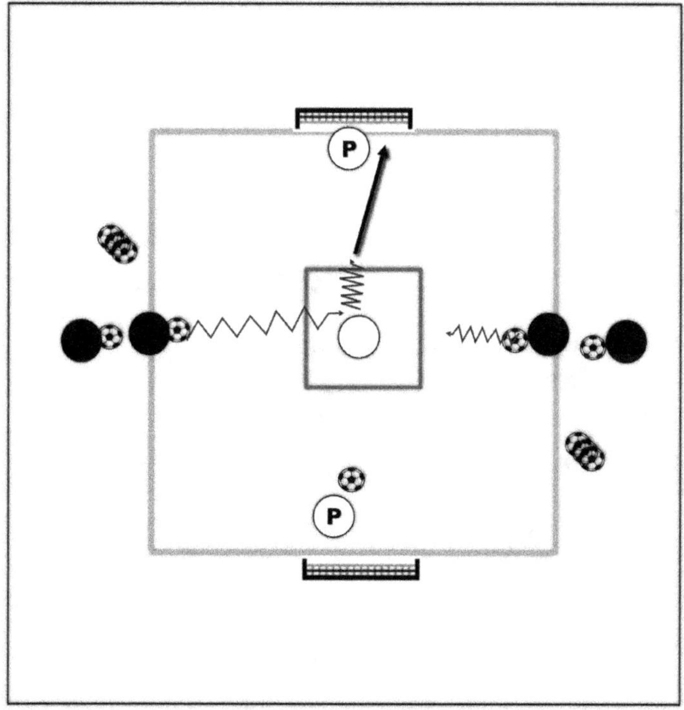

Tarea N° 34	Objetivo Principal	Me jora de la transición ofensiva
	Jugadores	12 (P+4x4+P+2C)

Explicación

En un rectángulo dividido en tres campos iguales, los equipos se colocarán en la disposición de la imagen. Los jugadores sólo pueden cambiar de zona para atacar. Cuando un equipo recupera el balón juega con los comodines para atacar rápido la portería rival.

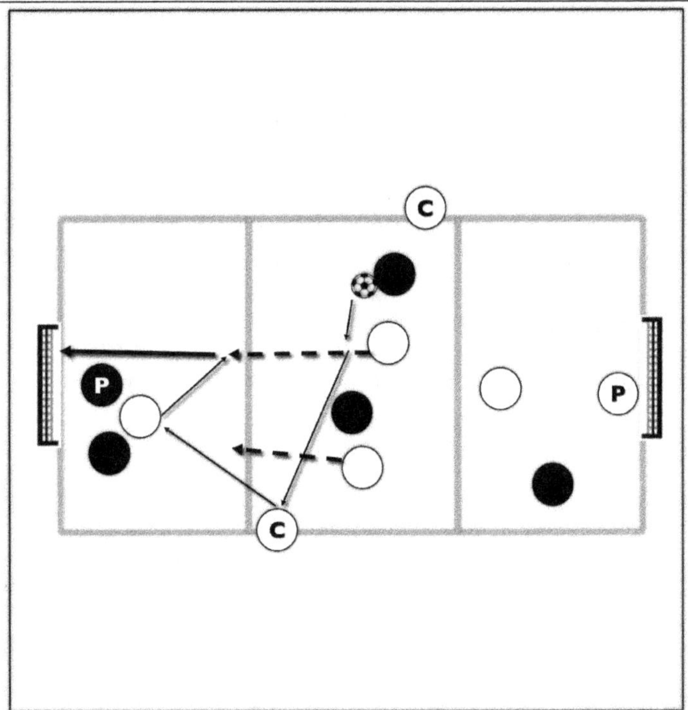

Tarea N° 35	Objetivo Principal	Mejora de la transición ofensiva
	Jugadores	8 (P+2+1x2+1+P)

Explicación

En un rectángulo dividido en dos cuadrados, El equipo que defiende deja un jugador sobre la línea y cuando recupera o el rival finaliza la jugada jugará rápido con él para atacar a la portería del otro equipo que dejará un jugador en el centro para cuando recupere o finalice la jugada.

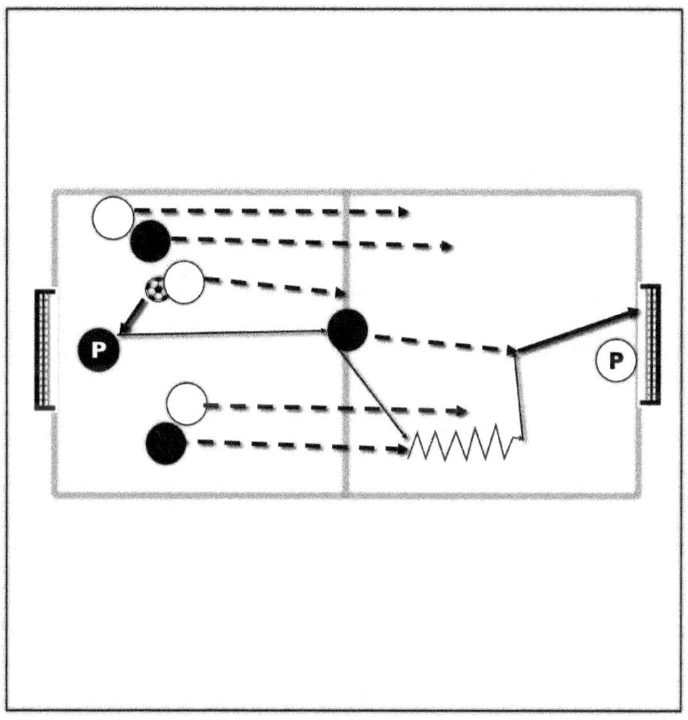

Tarea N° 36	Objetivo Principal	Mejora de la transición ofensiva
	Jugadores	11 (4+Px4+P+C)

Explicación

En un cuadrado dividido en dos partes con dos porterías y porteros. Los jugadores atacantes y defensores solo podrán salir de su mitad para atacar. Cuando recuperen jugarán con el comodín para atacar rápido hacia la portería rival.

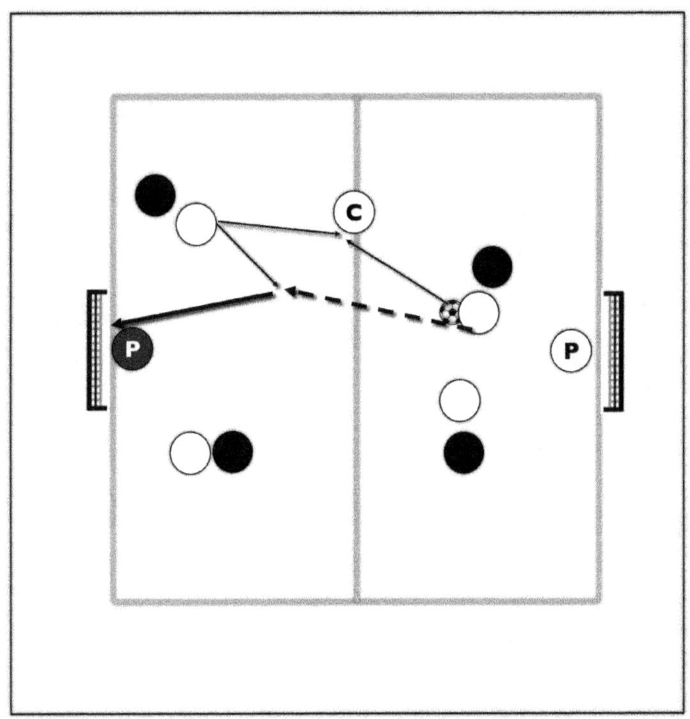

Tarea N° 37	Objetivo Principal	Mejora de la transición ofensiva
	Jugadores	12 (P+1+4x4+1+P)

Explicación

En un cuadrado dividido en dos partes con dos porterías y porteros. Los equipos cuando roban el balón pasan al jugador que está por detrás de la línea de la portería para atacar rápido.

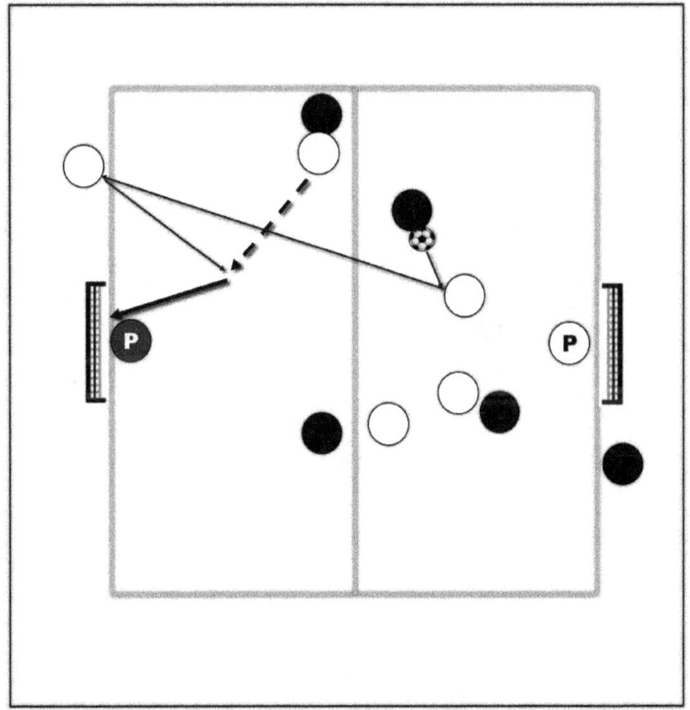

Tarea N° 38	Objetivo Principal	Mejora de la transición ofensiva
	Jugadores	11 (4+Px4+P+C)

Explicación

En un cuadrado dividido en dos partes con dos porterías y porteros. Los jugadores atacantes y defensores no podrán salir de su mitad, el único que lo podrá hacer será el comodín que participará siempre con el equipo que recupere el balón para atacar rápido sobre la portería rival.

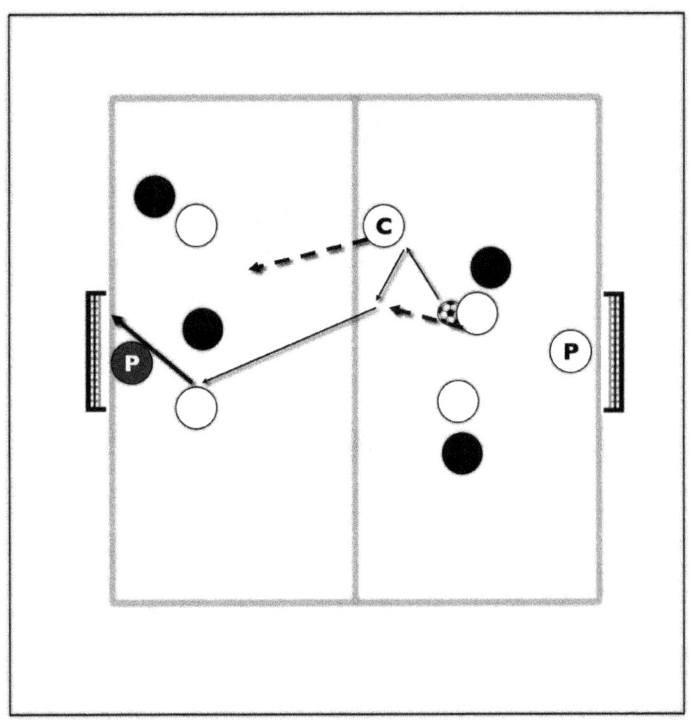

Tarea N° 39	Objetivo Principal	Mejora de la transición ofensiva
	Jugadores	12 (P+4x4+P+2C)

Explicación

En un campo (rectángulo) los comodines se sitúan uno en cada banda por fuera. Se juega 5 contra 5, cuando un equipo recupera pasa al comodín y cambian el rol con el jugador que le pasó el balón (no pudiendo jugar con él). Cuando un equipo pierde el balón, los comodines ocupan su posición inicial para pasar a jugar del equipo poseedor del balón.

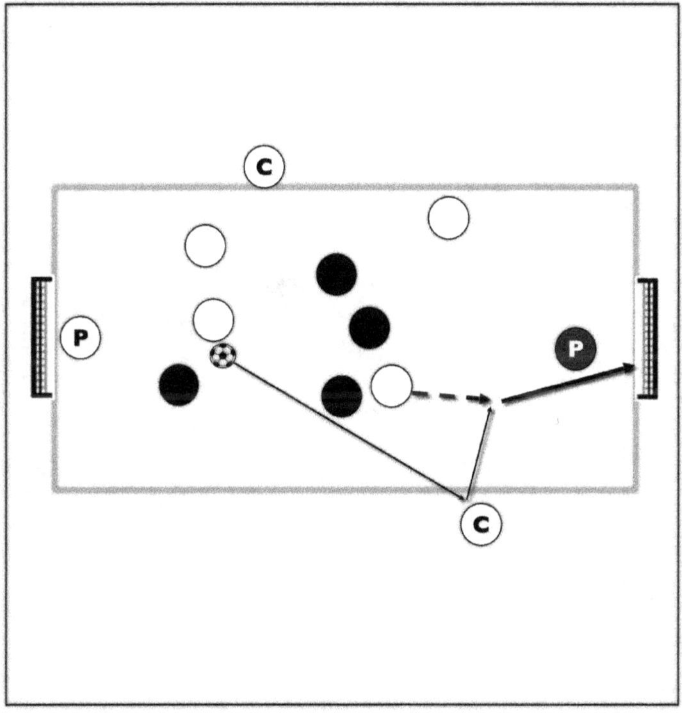

Tarea N° 40	Objetivo Principal	Mejora de la transición ofensiva
	Jugadores	8

Explicación

Atacan dos contra uno, cuando tiran o pierden el balón sale un jugador del fondo rápido hacia la portería contraria junto con el que defendía y sólo defiende el que lanzó a portería.

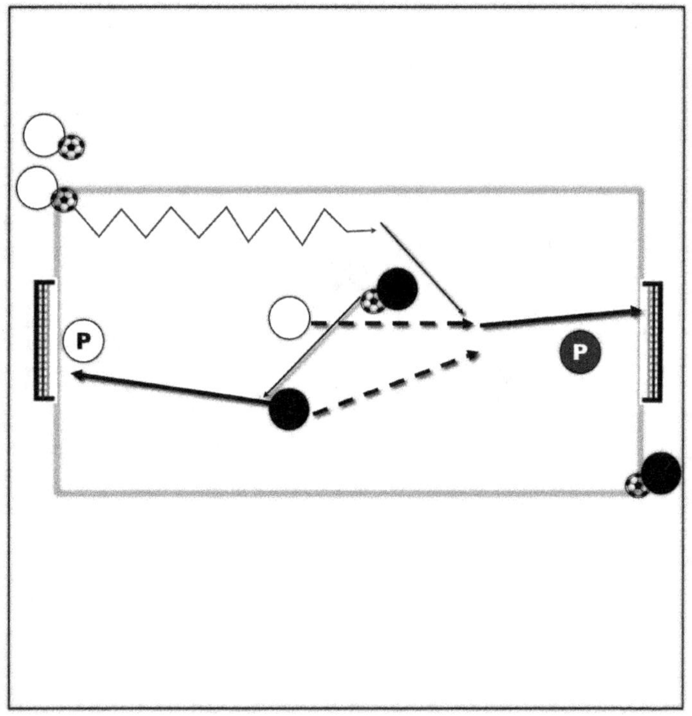

Tarea N° 41	Objetivo Principal	Mejora de la transición ofensiva
	Jugadores	14 (6+Px6+P)

Explicación

En un rectángulo dividido en tres campos iguales, los equipos se colocarán en la disposición de la imagen. Cuando un equipo recupere el balón jugará con alguno de los jugadores que están en la zona cercana a la portería que atacan. Cuando estos reciban, tendrán que pasar a alguno de sus compañeros de ataque y los defensores que estaban detrás de la línea de fondo saldrán a defender la acción y los que estaban en la zona central podrán entrar sólo para atacar en las otras zonas.

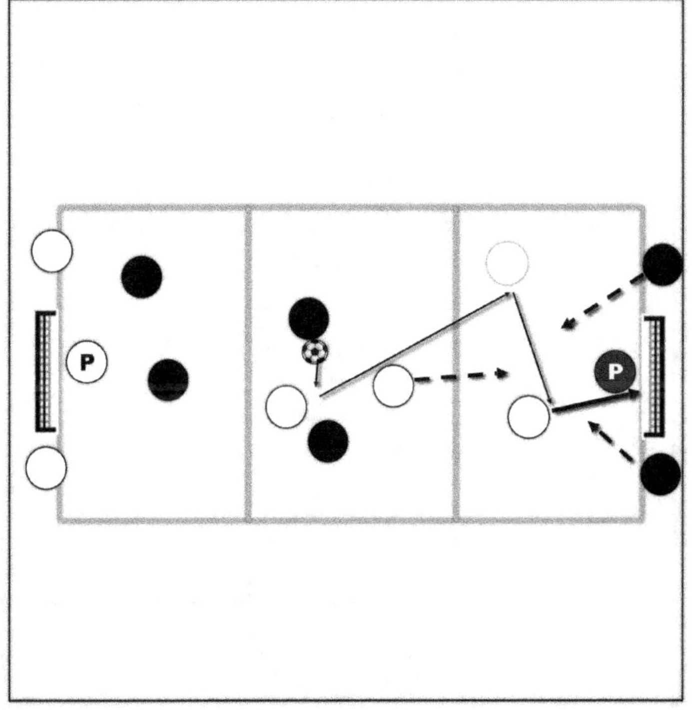

Tarea N° 42	Objetivo Principal	Mejora de la transición ofensiva
	Jugadores	10 (P+1+3x3+1+P)

Explicación

Los jugadores se distribuyen como en la imagen. Cuando un equipo recupera juega con el jugador que está fuera para atacar rápido en el otro área

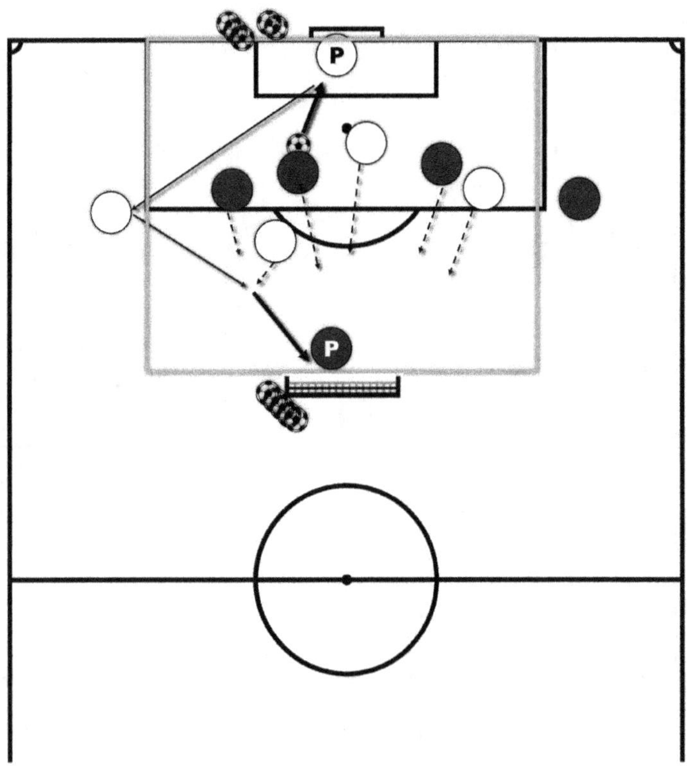

Tarea N° 43	Objetivo Principal	Mejora de la transición ofensiva
	Jugadores	10 (4+Px4+P)

Explicación

Atacan 4 contra 4 hacia una portería. Cada vez que un equipo ataca, el jugador que tira a puerta o pierde el balón, tendrá que ir hasta uno de los conos que hay en la línea de fondo rival, para que el equipo que recuperó haga un contraataque antes que se ordene el equipo que tiró o perdió.

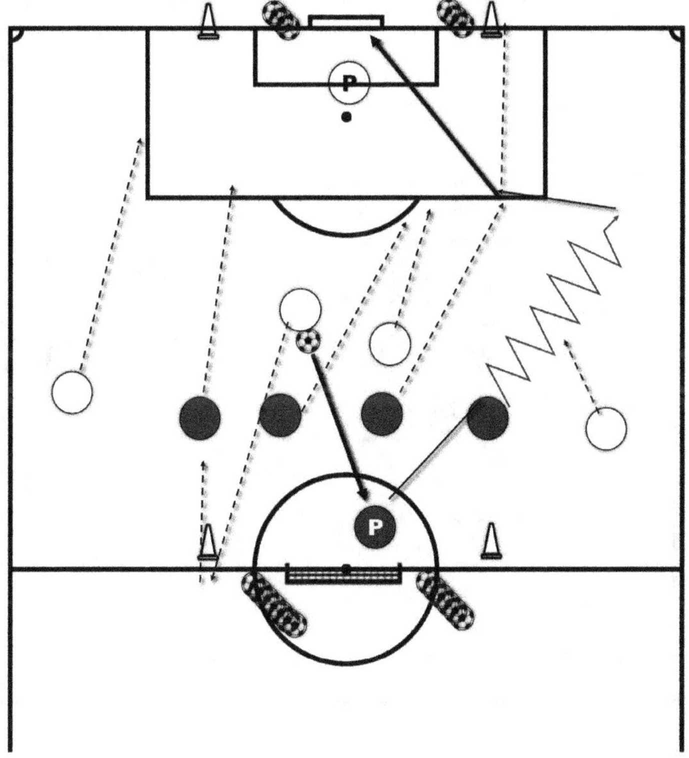

Tarea Nº 44	Objetivo Principal	Mejora de la transición ofensiva
	Jugadores	17 (5x4+P+1x4+P+1)

Explicación

En un campo (rectángulo), 5 jugadores (equipo negro) atacan a la portería que defienden 4 (equipo blanco) y un portero. Cuando recuperan, pasan al compañero que estaba fuera y atacan sobre la portería que defienden 4 jugadores del tercer equipo y el portero, que cuando recuperan hacen lo mismo que hizo el equipo blanco cuando recuperó para atacar sobre 4 jugadores del equipo negro. Así se van sucediendo las oleadas de ataques.

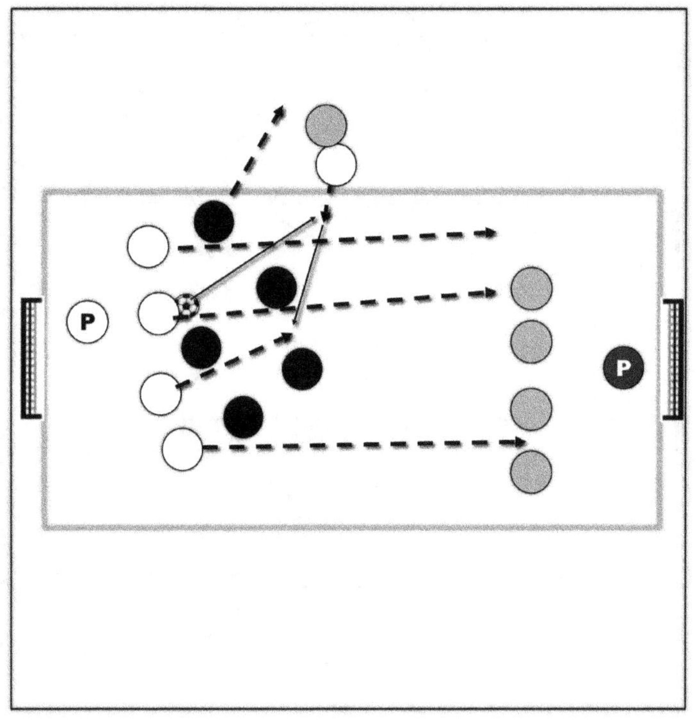

Tarea N° 45	Objetivo Principal	Mejora del la transición ofensiva
	Jugadores	18 (P+8x8+P)

Explicación

Lo jugadores distribuidos como en la imagen. Juegan 6 contra 3 y cuando recupera el equipo negro juega donde están los otros tres jugadores esperando para atacar la portería con dos defensores y el portero, van los 3 del equipo negro que robaron para atacar y 3 del equipo blanco a defender. Una vez acaban el ataque se hace un 6 contra 3 en el cuadrado para que roben blancos y ataque sobre la otra portería con la misma evolución.

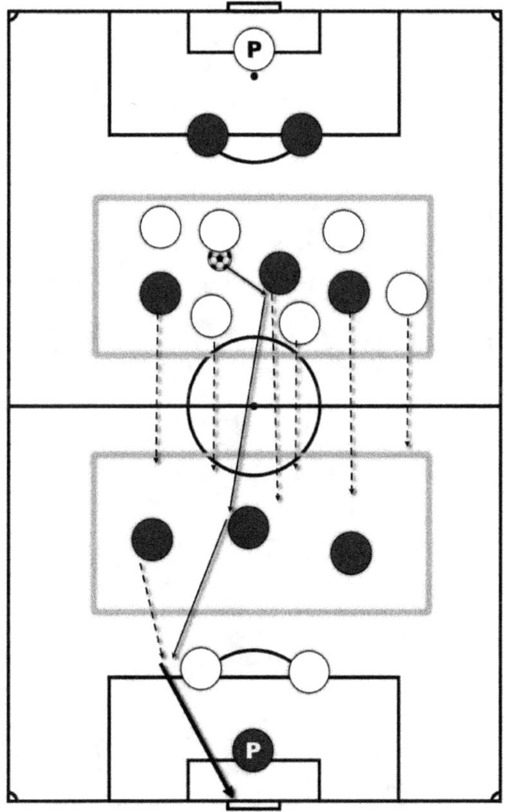

Tarea Nº 46	Objetivo Principal	Mejora del la transición ofensiva
	Jugadores	15(P+5x5+P+C)

Explicación

Lo jugadores distribuidos como en la imagen. El equipo negro cuando roba el balón juega con el comodín para atacar sobre la portería, si el equipo blanco logra robarle después al negro podrá junto con el comodín atacar a la otra portería.

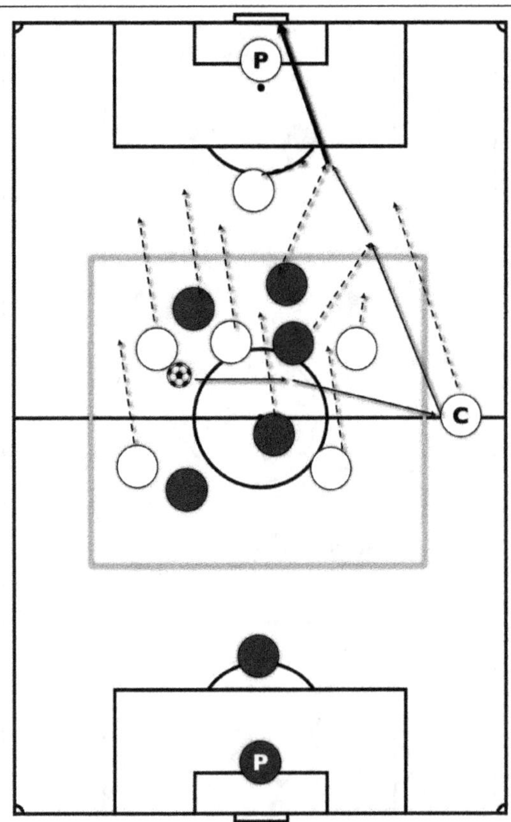

Tarea Nº 47	Objetivo Principal	Mejora de la transición ofensiva
	Jugadores	20 (P+4x4+2C+4x4+P)

Explicación

Los jugadores distribuidos como en la imagen y con el campo dividido en tres zonas (cómo en la imagen). Cuando un equipo recupera el balón juega rápido con los comodines para atacar. Los jugadores sólo pueden pasar de zona para atacar. Cuando pierden el balón vuelven a su zona.

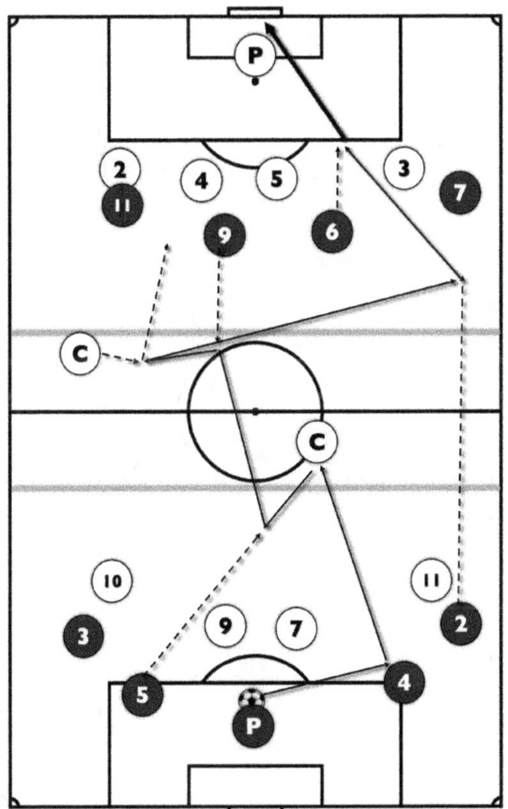

Tarea N° 48	Objetivo Principal	Mejora de la transición ofensiva
	Jugadores	20 (8+Px 8+2+P)

Explicación

Los equipos juegan un partido a campo completo no pudiendo ocupar la zona delimitada de las bandas, con 8 jugadores cada uno, porteros y 2 comodines exteriores que cuando un equipo recupera juega con ellos para atacar rápido.

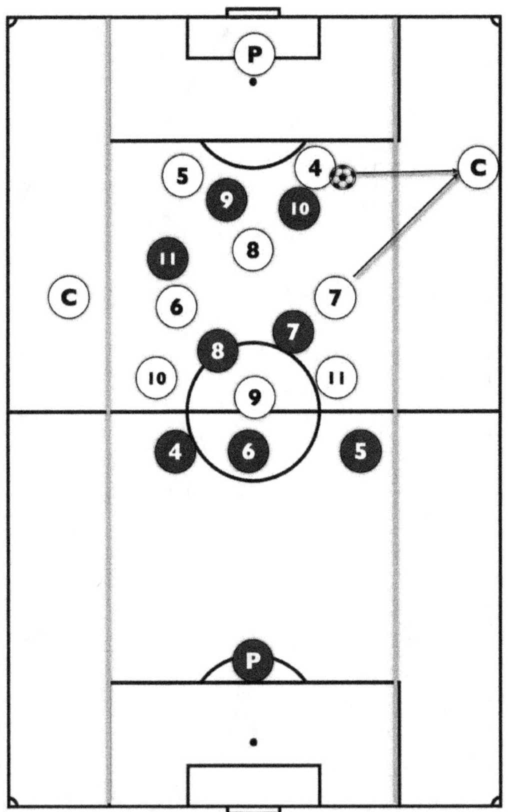

Tarea Nº 49	Objetivo Principal	Mejora del la transición ofensiva
	Jugadores	21 (P+9x9+P+C)

Explicación

Partido con el campo dividido en el que sólo podrá estar en el centro del campo el comodín. Los equipos cuando recuperen jugarán con él para armar el ataque.

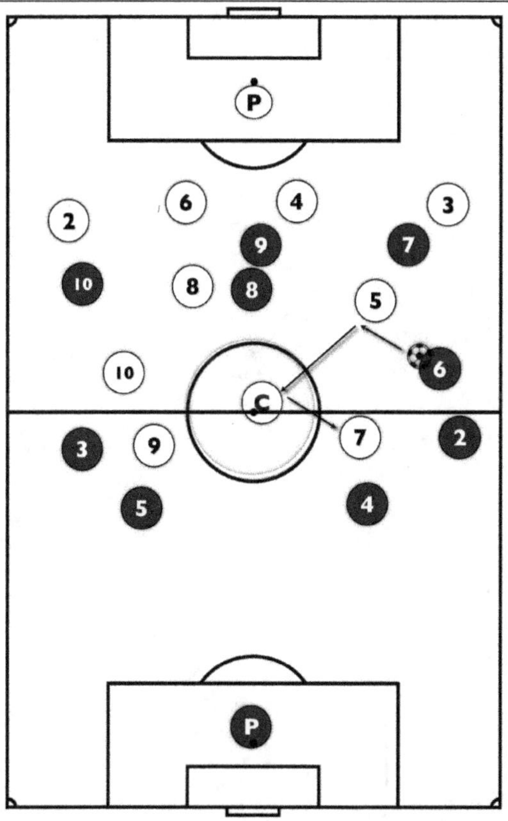

Tarea N° 50	Objetivo Principal	Mejora del la transición ofensiva
	Jugadores	21 (9x9+3)

Explicación

El campo marcado como en la imagen y un comodín sobre cada línea. Los equipos juegan el partido y cuando recuperan juegan con los comodines para avanzar en el ataque. Los comodines participarán con el equipo que recupera el balón.

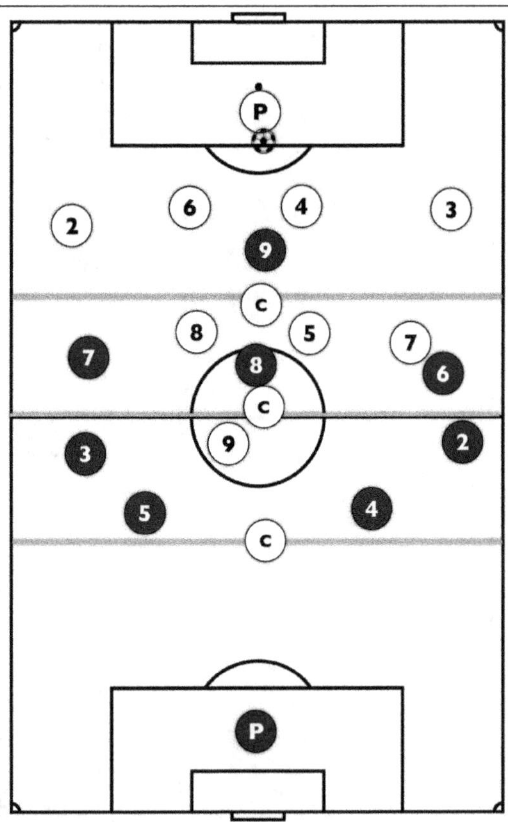

BIBLIOGRAFÍA

- Tamarit, X. (2007): *¿Qué es la periodización Táctica?* Editorial M.C. Sports.

- Castellano, J y Casamichana, D. (2016): *El arte de planificar en fútbol.* Editorial Fútbol de Libro.

- Portugal, M. A. (2018): *El entrenamiento en Fútbol. Rondos y mantenimientos.* Editorial Lisma.

- Juan Sánchez, D. (2016): *La Periodización Táctica en Fútbol Base y Aficionado: Aplicación práctica para categoría infantil, cadete, juvenil o aficionado.* Autoedición.

- Conde, M. (2000): *Contraataque.* Instituto Monsa de Ediciones.

- Couto, A. (2015): *Las grandes escuelas del Fútbol Moderno.* Editorial Fútbol de libro.

- Bangsbo, J. y Peitersen, B. (2002): *Fútbol: Jugar en defensa.* Editorial Paidotribo. Barcelona.

- Castellano, Julen y Casamichana, David (2016): *El arte de planificar en fútbol,* Editorial Futbol de libro.

- Castellano, Julen; Casamichana, David y San Román, Jaime (2015): *Los juegos reducidos en el entrenamiento del fútbol.* Editorial Futbol de libro.

- Cano Moreno, Oscar (2010): *Fútbol: Entrenamiento global basado en la interpretación del juego.* Editorial Wanceulen.

- López López, Javier (2009): *Fundamentos tácticos ofensivos.* Editorial Wanceulen.

- López López, Javier (2009): *Fundamentos tácticos defensivos.* Editorial Wanceulen.

- López López, Javier (2009): *500 juegos para el entrenamiento físico con balón.* Editorial Wanceulen.

- López López, Javier (2009): *400 tareas integradas para el entrenamiento de la táctica ofensiva.* Editorial Wanceulen.

- López López, Javier; Wanceulen Moreno, Antonio; Wanceulen Moreno, José F. y Bernal Ruiz, Javier (2009): *225 juegos para el entrenamiento integrado del pase en el fútbol.* Editorial Wanceulen.

- González, Alberto (2013): *Fútbol. Dinámica del juego desde la perspectiva de las transiciones.* Editorial Learning 11.

- Fradua, Luis (1997): *La visión periférica del futbolista.* Editorial Paidotribo.

- Mayer, R. (1996): *Fichas de fútbol. 120 juegos de ataque y defensa.* Hispano Europea. Barcelona.

- Garganta, J. y Pinto, J. en Graça, A. y Oliveira, J. (1997): *La enseñanza de los juegos Deportivos.* Editorial Paidotribo.

- Castelo, J. (1999): *Futbol. Estructura y dinámica del juego.* Editorial INDE. Barcelona.

- Caneda, R. (1999): *La zona en Fútbol.* Editorial Wanceulen. Sevilla.

- Seirul´lo, F. (1999): *Criterios modernos del entrenamiento en el fútbol.* Revista Training Fútbol. Valladolid.

- García Ocaña, Francisco (2008): *Fútbol y Fútbol sala: 250 actividades sociomotrices.* Editorial Paidotribo. Barcelona.

- López López, Javier (2013): *Fútbol: Senior (2013): 175 fichas de sesiones de entrenamiento.* Editorial Wanceulen. Sevilla.

- López López, Javier (2013): *Fútbol: Juveniles: 160 fichas de sesiones de entrenamiento.* Editorial Wanceulen. Sevilla.

- López López, Javier (2009): Fútbol: *1380 Juegos globales para el aprendizaje y perfeccionamiento de la técnica ofensiva y defensiva.* Editorial Wanceulen. Sevilla.

- López López, Javier (2008): *Fútbol: Cadetes: 160 fichas de sesiones de entrenamiento.* Editorial Wanceulen. Sevilla.

- López López, Javier (2013): *Fútbol: Infantiles: 120 fichas de sesiones de entrenamiento.* Editorial Wanceulen. Sevilla.

- López López, Javier (2008): *Fútbol: Alevines: 120 fichas de sesiones de entrenamiento.* Editorial Wanceulen. Sevilla.

- López López, Javier (2013): *Fútbol: Benjamines: 80 fichas de sesiones de entrenamiento.* Editorial Wanceulen. Sevilla.

- López López, Javier (2009): *Fútbol: Prebenjamines: 80 fichas de sesiones de entrenamiento.* Editorial Wanceulen. Sevilla.